人生を
自由にしてくれる

本当のお金の使い方

井上裕之

あさ出版

はじめに

多くの人が「将来のお金」に不安を抱えている

少子高齢化、労働人口の減少、インフレ、金利低下、年金不安……、人生100年時代へ突入し、「将来のお金」に不安を持つ人が増えています。

新型コロナウイルス感染症は、その不安に拍車をかけました。

日本FP協会が2020年12月に発表した「くらしとお金に関する意識調査」（対象：全国の20代〜60代の男女、有効サンプル数：3000）によると、「将来のお金に対する不安」を持つ人は全体の6割ほど、コロナ禍で収入が減った人に限って言えば8割に達するなど、多くの人が今「先行きの不透明さ」を気にかけています（2021年9月時点）。

【将来のお金に不安を持つ人の割合・全体】
収入……66・6％
支出……59・6％
預貯金…62・9％

【将来のお金に不安を持つ人の割合・収入が減った人】
収入……85・4％
支出……77・3％
預貯金…78・8％

とはいえ、私のまわりには「お金の不安を抱えている人」は見当たらないのです。もちろん、私の知人にも、新型コロナウイルス感染症の拡大にともない、売上や年収が落ちた人がいます。

緊急事態宣言下で難しい舵取りを強いられた経営者もいます。

患者減や減収に直面した歯科医師もいます（私の本業は歯科医師です）。

それでも彼らから、将来の不安を聞いたことは一度もありません。

私の周りにいる人は、いつも明るく、いつも前向きです。

なぜ彼らには「お金の不安がない」のでしょうか？

「貯蓄があるから」でも、「『先のことはどうでもいい』と投げ出しているから」でもありません。

「お金が回り続ける方法」を知っているからです。

「お金の不安がない人」の共通点

「お金の不安がない人」に共通しているのは、

「お金の稼ぎ方以上に、使い方が上手である」

ことです。

「お金の不安がない人」は、

「稼ぎ方より大事なのは、使い方である」

「お金を正しく使うと、金額以上の価値を生み出すことができる」

「お金は『使うこと』で回りはじめる」

ことを知っています。

稼いだお金を「貯める」だけでなく、正しく使う。正しく使うと、使った金額以上のお金が入ってくる。「稼ぐ」と「使う」の好循環を生み出しているのが、「お金の不安がない人」の特徴です。

「正しく使う」とは、「自分の価値を高めてくれるものに使う」ことです。

「お金の不安がない人」は、主に、次の「5つ」にお金を使っています。

・健康（食事、睡眠、運動 など）
・教育（キャリアアップ、スキルアップ、社員教育 など）
・貢献（社会貢献や、人の役に立つこと など）
・感謝（お礼の気持ち、大切な人への贈り物 など）
・経験（今までやったことのないこと、新しいチャレンジ など）

この5つにお金を使うと、

「自己成長」を促す

「良い人間関係」を築く

ことができるため、結果的に「使った以上のお金が入ってくる」ようになります。

過度な節約、過度な貯蓄は、かえって人を貧しくする

「将来に対するお金の不安」をなくすために、多くの人が「節約」と「貯蓄」を実践しています。

日本人は、節約意識が高いことで知られています。

アサヒグループホールディングス株式会社が2018年に実施したアンケート調査によると、

「(節約を)強く意識している」

「まあまあ意識している」

という声は9割以上を数え、節約を意識しながら暮らしている人が多いことが明らかになっています。

節約を意識する理由の第1位は、「老後の生活不安のため」でした。「老後の生活不安をなくすために、節約をする（貯蓄を増やす）」という考え方に、私も賛成です。

貯蓄があれば不安が軽くなり、「今」を安心して過ごすことができます。この先、何があるかわからないのに、貯蓄がゼロでは、自分や大切な人を守ることはできない。人生のリスクマネジメントを考えたとき、貯蓄は必要です。

ただし、過度な節約、過度な貯蓄はかえって人を貧しくします。

人生の楽しみを犠牲にして貯蓄を増やしても、シニア世代になったとき、「何をしていいかわからない」「一緒に過ごす家族も友人もいない」「お金の使い方がわからない」ようでは、寂しい人生を送ることになります。

貯蓄があれば、確かに「お金の不安」はなくなるかもしれません。けれどそれだけでは、孤独感、窮屈感、虚無感といった「人生そのものの不安」はなくならないでしょう。

節約には、「良い節約」と「悪い節約」がある

とは言え「節約」がすべて悪いわけではありません。「節約」には、「良い節約」と「悪い節約」があります。

・良い節約
「やりたいこと」に注力するために「やらなくてもいいこと」をやめる節約。ただ単に出費を削るのではなく、削ることによって生活の質が高まることが重要。

・悪い節約
暮らしの質を落とす節約。我慢を強いる節約。目的もなく、ただお金を貯める状態。

「意味づけができないもの、価値を見出せないものにはお金をかけない」

「必要なものにはどんどんお金を使う。そうでないものにはお金を使わない」

のが、私の節約スタイルです。

心のブレーキを踏んではいけない

日本では伝統的に貯蓄が美徳とされ、節約が好ましい生活慣習と考えられています。

ですが節約習慣は、「我慢をする習慣」でもあります。我慢とは、「心のブレーキを踏む」「行動に規制をかける」ことです。

心のブレーキを踏み続けていると、自分の能力を伸ばし、活かそうという意欲まで失ってしまいます。

我慢ばかりしていれば、夢中になれるものが見つからなくなったり、「欲する力」が弱くなることがあります。

「お金がないから、しかたがない」

「お金を貯めたいから、使わない」

とあきらめ続けた結果、

「やりたいことをあきらめる癖」

「やりたいことへの気持ちを抑え込む癖」

がついてしまうのです。


ムダ遣いや浪費は避けるべきです。

しかし、お金を使うこと自体は悪いことではありません。

お金は人生を充実させるためのツールです。

人生100年時代に問われるのは、お金の使い方

2022年度からはじまる高校の新学習指導要領では、家庭科の授業の中で、「資産形成」に触れるよう規定しています。

株式、債券、投資信託など基本的な金融商品の特徴を教えながら、「将来に備

えた資産形成の重要性」について考えるのが目的です。

文部科学省の「高等学校学習指導要領解説【家庭編】」には、

「生涯を見通した経済計画を立てるには、教育資金、住宅取得、老後の備えの他にも、事故や病気、失業などリスクへの対応が必要であることを取り上げ、預貯金、民間保険、株式、債券、投資信託等の基本的な金融商品の特徴(メリット、デメリット)、資産形成の視点にも触れるようにする」

と示されています。

資産形成とは、お金を「つくる」ことです。

未来を担う子どもたちに、「将来に備えて、資産形成をしようね」「これからは、金融商品についての知識も必要だよ」「仕事以外の方法でお金を増やそうね」というメッセージを伝えることに意義があると私も思います。

ですが、人生100年時代に問われるのは、「つくり方」以上に、「つくったお金の使い方」だと私は考えています。

私たちが「つくり方」「稼ぎ方」「節約のしかた」以上に身につけなければならないのは、「お金の使い方」に関する習慣です。

・「お金に困らない人」になるにはどうしたらいいのか？
・お金の本質的な役割とは、何か？
・「稼ぐ」「貯める」よりも、どうして「使う」が大事なのか？
・「稼ぐ」「貯める」「使う」のバランスをどう取ればいいのか？
・お金を循環させるには、何に、どう使えばいいのか？

これらの問いの答えが、本書です。

「こうなりたい」という自分の理想をかなえるために、そして、「経済的な不安から解放される」ために、ぜひ「お金の正しい使い方」を身につけてほしいと思います。

CONTENTS

第2章

お金は「循環」させて増やしていく

第3章 人生をより自由にしてくれるお金の使い方

第4章 「お金に困らない人」の考え方

本文デザイン　辻井知（SOMEHOW）

第1章

あなたは、何のためにお金を使いますか？

お金のやりとりの裏側には、「感謝」のやりとりがある

「お金」とは、何でしょうか？

「お金の役割（機能）」には、どのようなものがあるのでしょうか？

金融・経済の世界では、「お金には、3つの役割（機能）がある」と考えられています。

それは「尺度」「交換」「保存」の3つです。

【お金の3つの役割（機能）】

・尺度……価値を数字で示す

お金には、商品（サービス）の値打ちや価値を決める「モノサシ」としての働きがあります。

一般的に、金額が高くなるほど、相対的な値打ちや価値も上がります。

「相対的」とは、「他との関係において成り立つ価値」のことです。

目の前に「リンゴ」が2個並べられていたとします。2つのリンゴが、大きさも、見た目もそっくりだったとき、「どちらの価値が高いか」を判断するのは難しい。

ですが、

「リンゴA……1個100円」

「リンゴB……1個200円」

と金額が表示されていた場合は、

「リンゴBのほうが価値は高い」

「リンゴBは、リンゴAの2倍の価値がある」

ことがわかります。

・交換……同等の価値のものと交換する
お金は、商品（サービス）を交換するためのツールです。

物々交換の時代では、モノとモノを等価値で交換する必要がありました。

「魚1匹」＝「リンゴ2個」が等価値だったと仮定します（魚1匹とリンゴ2個が同じ価値）。

魚を持つAさんと、リンゴを持つBさんの間で物々交換を成立させるには、両者が「魚1匹とリンゴ2個を交換してもいい」と合意したときのみです。

たとえば、Aさんが、「魚を渡してもいいけれど、リンゴは3個ほしい」と考えたり、Bさんが「魚をほしいけれど、リンゴは渡したくない」と考えたりした場合、物々交換は成立しません。

このとき、お金とモノを交換するしくみがあって、

「魚1匹……200円」
「リンゴ1個……100円」

と金額が決まっていれば、

「Aさんは、300円を払ってリンゴを3個買う」
「Bさんは、200円支払って魚を1匹買う」

ことができます。

・保存……将来のために保存する

今の価値を蓄えておけるのも、お金の役割です。

リンゴに100円の価値があったとしても、時間が過ぎれば腐って、価値が目減りします（価値がなくなります）。

一方で、お金は腐らないので、お金で取引をすれば、手元に「100円」という価値が残ります。

つまり、お金を銀行に預ける、金庫にしまうなどして持ち続けていれば、富を蓄えることができます。

お金は感謝を伝え合うツールでもある

お金には、「尺度」「交換」「保存」のほかに、もうひとつ大切な役割があると私は考えています。

それは、「感謝」です。

・感謝……「感謝」の気持ちをあらわす

お金を払うのも、お金を受け取るのも、その本質は、「感謝」です。

消費者がリンゴ1個に「１００円」払うのは、農家や小売業者など、リンゴを届けてくれた人たちへの「感謝のあらわれ」と解釈できます。

一方で、農家や小売業者は、感謝の気持ちを持って、お金を受け取ります。

◉支払う側

・何かをしてもらったことに対するお礼として、お金を支払う。

◉受け取る側

・相手のニーズに応えたお礼として（相手に喜んでいただいたお礼として）、お金を受け取る。

お金は、経済を支えるツールであると同時に、「感謝の気持ち」を伝えるツールです。お金のやりとりの裏側には、感謝やお礼といった、人の気持ちのやりとりがあります。

「お金＝感謝の気持ち」と考えている人は、「ありがとう」の気持ちを込めてお金を支払います。そして、手元に入ってくるお金に対しても、遠慮や罪悪感なく「ありがとう」と受け取ることができます。

「お金＝感謝」という本質がわかっていれば、お金を使うことにも、受け取ることにも、心地よさを覚えるようになるのです。

収入が上がれば幸福度も増す？

お金を持っていれば、幸せになれるのでしょうか？

年収が増えるほど、幸福度も高まるのでしょうか？

お金と幸福度の関連性についての研究は、これまでも世界各国で繰り返し行われています。

プリンストン大学の心理学者、ダニエル・カーネマン名誉教授（ノーベル経済学賞受賞者）らの研究結果、内閣府が発表した『満足度・生活の質に関する調査』に関する第4次報告書」「生活の質に関する調査の結果について」などのデータを参考にすると、「経済的に恵まれていることと、幸福感の高さには一定の相関がある」ことは明らかです。

・ダニエル・カーネマン研究結果
……収入と幸福度は比例して上昇するが、「年収7万5000ドル（1ドル＝110円とすると825万円）」をピークに横ばいになる。

・内閣府（経済社会総合研究所）「生活の質に関する調査の結果について」
……幸福を判断する際に重視した項目は、家計の状況（所得・消費）がもっとも多く、次いで健康、家族関係の順。

・内閣府（政策統括官）『「満足度・生活の質に関する調査」に関する第4次報告書』
……幸福度（＝総合主観満足度）は、年収に応じて高くなるが、世帯年収2000万円～3000万円で頭打ちになる。

世の中には、幸せな出来事も、不幸な出来事も存在しない

ただ、私は「お金があること」と「幸せでいること」は必ずしもイコールでは

ないと考えています。その理由は「2つ」あります。

ひとつ目の理由は、「幸せの基準は、人それぞれ」だからです。

お金がなくても幸せな人もいれば、お金があっても不幸せな人もいます。

たくさん稼いでいるのにいつも不機嫌な人もいれば、収入はそれほど多くないのにいつも笑顔の人もいます。

両者の違いは、「感性」です。どれほど収入や貯蓄を増やしても、「幸せを感じる感性」が乏《とぼ》しければ、不平・不満・不安はなくならないと思います。

そもそも、世の中には、「幸せ」という現象も、「不幸」という現象も存在しません。起こったことに対して、自分自身が「幸せ、不幸」「嬉しい、悲しい」という感情をあとから乗せているだけです。

目の前の現象には何の意味づけもされていないのに、私たちが勝手に評価・論評を加えて、一喜一憂しています。

「虫歯になって、悲しい」と嘆く人がいます。しかし、「虫歯になった」という事実と、「悲しい」という感情は、別のものです。

「虫歯になった。けれど、ひどくなる前に治療できてよかった。治療をすればおいしい食事を楽しむことができるので、嬉しい」と解釈することもできます。
つまり、世の中に存在しているのは、「幸せな現象」と「不幸な現象」ではなく、「幸せだと思っている人」と「不幸だと思っている人」です。

自分が幸せだと思っているかぎり、お金がなくても、幸せです。
自分が不幸だと思っているかぎり、お金があっても、不幸せです。

幸か不幸かは、お金の量に比例して決まるものではなく、すべては「自分の心」＝「感性」が決めています。

「お金があるけれど不幸せな人」は、「バランス」が崩れている

お金だけでは幸せになれない2つ目の理由は、「バランス」です。

私はこれまで、多くのお金持ち（富裕層）と接してきました（「お金持ち」に公的な定義はないため、調査会社によって基準が異なります。国内では、野村総合研究所の分類が有名です。純金融資産保有額が1億円以上5億円未満を「富裕層」と定義しています）。

そのお金持ちの人たちの中にも、「幸せなお金持ち」と「不幸せなお金持ち」がいます。

このように不幸せなお金持ちとは、

「経済的に恵まれているのに、心の充足感、充実感、満足感が足りない人」

「お金は足りているのに、幸せの感性が足りない人」

のことです。

「不幸せなお金持ち」は、「健康、人間関係、仕事、お金、社会貢献のバランス」が整っていません。だから、心が満たされない。

「幸せなお金持ち」と「不幸せなお金持ち」の違いは何かというと、冒頭に挙げた「バランス」なのです。

「貯蓄が3億円ある。けれど、仕事にまったくやりがいを感じない」
「貯蓄が3億円ある。けれど、もう何年も入院していて、不安が続いている」
「貯蓄が3億円ある。けれど、誰からも信用されず、ひとりぼっちで寂しい」
「貯蓄が3億円ある。けれど、人のためには1円も使いたくない」

これでは、どれほどお金があっても、「幸せ」を感じにくいでしょう。

幸せとは、「バランスが整った状態」のこと

私たちが、「幸せ」を感じるときに重視する要素・項目は、収入、健康、人間関係など、さまざまです。

世界最大の世論調査会社「ギャラップ社」は、50年以上かけて世界150カ国を調査・分析した結果として、「幸福度を高めるために必要な5つの要素」を明らかにしています（参照：『幸福の習慣』トム・ラス／ジム・ハーター著／ディスカヴァー・トゥエンティワン）。

【幸福を構成する5つの要素】

①仕事の幸福
②人間関係の幸福
③経済的な幸福（お金）
④身体的な幸福（健康）

⑤地域社会の幸福

ギャラップ社は、「どれかひとつの要素で高得点をとるのは比較的簡単で66％が実現。しかし、5つの要素すべてで高得点を獲得できる人は、わずか7％にすぎない」と分析しています。

この結果は、

「経済的な幸福で高得点が取れていても、他の要素での得点が低ければ、『幸せなお金持ち』にはなりにくい」

「あまりあるお金を持っていても、5つの要素がバランスよく整っていなければ、幸せを感じにくい」

ことを示唆しています。つまり幸せとは、こうした要素の「バランス」が整った状態のことを言うのです。

幸せなお金持ちは、「バランスを整える」ことにお金を使っている

ではなぜ、不幸せなお金持ちは、バランスを崩しているのでしょうか。

私が見てきた「不幸せなお金持ち」に共通していたのは、「お金を稼ぐ」、あるいは、「お金を使わない」ことへの執着心が強いことです。

「他人よりもお金をたくさん持っていれば、他人よりも幸せになれる」

「成功者とは、お金をたくさん持っている人のことである」

「お金をたくさん持っている人＝正義、お金を持っていない人＝悪」

と盲信《もうしん》し、お金を稼ぐことに躍起になる。

他人を押し退け、自分の利益だけを追い求める。

お金があることをアピールして悦《えつ》に入る。

稼いだお金は我欲《がよく》を満たすために使う……。

不幸せなお金持ちは、「バランスを整えるためにお金を使う」という発想に乏しい気がします。

仕事、人間関係、お金、健康、社会貢献のバランスが整っていないと、「幸せを感じる感性」は弱くなります。

「健康状態が良くない」「自分を認めてくれたり、気づかってくれたりする人がいない」「人とのつながりがなく、孤独である」「今の仕事が自分に合っていない」など、構成要素のバランスが崩れていれば、充足感、充実感、満足感が不足するのも当然です。

一方、「幸せなお金持ち」に共通しているのは、「お金を稼ぐ（貯める）」ことに執着しないことです。

「体力が衰えないように、今は健康に力を入れよう」

「新規事業をはじめたばかりだから、今は仕事に力を入れよう」

「部下の人数が増えたので、今は人間関係に力を入れよう」

といったように、自分のライフステージに合わせて、「今の自分に必要なこと」

にお金を使ってバランスを整えています。

「幸せ＝バランス」です。

「幸せなお金持ち」になる上で大切なのは、「お金を増やす」こと以上に、「バランスを整えるためにお金を使う」ことなのです。

お金はあったほうがいいか？なくてもいいか？

「お金を持っていれば、それだけで幸せになれるのでしょうか？」

という質問に対する私の答えは、「ノー」です。

「お金の流れ」「お金の正しい扱い方」「お金の本質」を理解せずに、ただ一時的に大金を持っているだけでは、やがて破綻します。

一方で、「お金はたくさんあったほうがいいですか？　なくてもいいですか？」

という質問には、こう答えます。

「あったほうがいい」

お金がなくても幸せな人はいます。

お金がなくても「その人の心」が「今、自分は幸せである」と思えば、その瞬間に幸せは手に入ります。お金の所持量が多いほど幸せの量も多くなるわけではないのです。

それでも私は、「お金は、ないよりあったほうがいい」と考えています。なぜなら、お金を持っていたほうが、幸せを感じられる機会が増えるからです。

「お金は、ないよりあったほうがいい」4つの理由

私が「お金はあったほうがいい」と言う理由は、次の「4つ」です。

【お金があったほうがいい4つの理由】

①選択肢が増える
②リスクが減る
③精神的な安定を得られる
④社会や他者に貢献できる

①選択肢が増える

お金は、「人生の選択肢を広げる」ために必要です。

お金がないと、制約条件が増えるため、選択肢が狭まります。

お金があると、制約条件が減るため、選択肢が広くなります。


お金がないから、できないことがあります。

お金があるから、できることがあります。


お金がないと、「使えない」という選択しかありません。

お金があれば、「使う」ことも、「使わない」こともできます。


自分が病気になったとします。

治療法は「3つ」あり、治療にかかる費用は「治療法A……10万円」「治療法B……50万円」「治療法C……100万円」です。

10万円しかお金がなければ、「治療法A」以外の選択はありません。

ですが、100万円持っていれば、A、B、Cの中から、「もっとも効果が高く、もっとも自分に適した治療法」を選ぶことが可能です。

英会話の勉強をはじめることになったとします。
勉強法は「3つ」あり、勉強にかかる費用は「市販の参考書を買い、独学で勉強する……1万円」「英会話スクールに通う……10万円」「語学留学する……300万円」です。

1万円しかお金がなければ、「市販の参考書を買い、独学で勉強する」以外の選択はありません。
ですが、300万円持っていれば、3つの勉強法の中から、「もっとも効果が高く、もっとも自分に適した勉強法」を選ぶことが可能です。

人生は選択の連続です。「どのような選択をするのか」は、お金だけで決まるわけではありませんが、お金があれば、

「多くの選択肢の中から、最良のものを選ぶ」

ことができます。

選択肢の多い生き方をすれば、「幅広い経験」を通して、「幅広い考え方」ができるようになります。

②リスクが減る

お金があることで、防げる不幸があります。

お金があれば、「健康問題のリスク」「老後破産のリスク」「倒産のリスク」など、今後の人生で発生する可能性のあるリスクに備えておくことができます。

③精神的な安定を得られる

お金には、「悲しみを減らす」ための機能があります。

「経済的に安定すると、精神的な健康状態も良くなる」ことは、データからも明らかです。

「衣・食・住」の基本的なニーズを満たすことができないと、人は安心、安全を得ることができません。

【悲しみを減らすお金の機能】

・ブリティッシュ・コロンビア大学の調査結果

「お金と幸せとの関係より、お金と悲しみの関係のほうが影響は強い」ことが判明。心理学者であるクシュレフ氏は、「貯蓄があることは悲しみに対するクッションになり、貯蓄が少ないと苦しみや悩みの原因になる」と結論付けている（参照：ライブドアニュース・らばQ／2015年1月30日配信）。

・アメリカ疾病予防管理センターの調査結果

「貧困レベルの生活をしている成人は、それ以上の生活をしている成人に比べて、うつ症状に陥る可能性が3、4倍高かった」と報告。

・厚生労働省「2020年版自殺対策白書」の調査結果

複数選択で自殺の原因・動機を調べると、全体を通じて最多は「健康問題」で5割程度。

中高年で2番目に多かったのは「経済・生活問題」で3割弱程度。中高年を男女別にみると、男性で「生活苦」など経済・生活問題が多くなっている。

④社会や他者に貢献できる

私は、「誰か（社会）のために生きていくことが、人生の意味である」と考えています。

自分が社会に貢献できたときに、人は喜びを感じることができます。

それなのに、「不幸せなお金持ち」は、社会貢献という視点が希薄です。

貢献とは、自分が持っている最大限の力を発揮して、

「誰かの役に立つこと」

「他者に価値を与えること」

です。

その力の中には、「お金」も含まれています。

もちろん、お金がなくても貢献はできます。「寄付金の多いほうが貢献度は高い」「寄付金が少ない人は貢献度が低い」わけではありません。どちらも同じように尊い。

ですが、お金があれば、「より多くの人が幸せになるために行動する」ことができます。

貢献する喜び。それは、ほかの何ものにも代えがたい喜びです。その喜びを知っている人とそうでない人とでは、人生の充実度に差が生じます。

貢献の機会や貢献した人数が多いほど、心は満たされていくはずです。

「したほうがいい借金」と「してはいけない借金」

日本人は、借金に対して、「借金＝悪」「借金をする人は、お金にだらしない」「借金は、してはいけないもの」と、ネガティブなイメージを抱いています。

私は、「借金＝悪」だとは考えていません。

むしろ、「借金ウェルカム」です。

たしかに、遊ぶ金ほしさの享楽的《きょうらくてき》な借金は、悪です。

ですが、自分を高める借金は、善です。

私が借金に肯定的なのは、「会社も、人も、借金が育てる」ことを身をもって知っているからです。

借金には「良い借金」と「悪い借金」があります。

良い借金

……自分を成長させるために必要な借金、事業の拡大や発展のために必要な借金、他者に貢献する借金。良い借金は計画的に返済できる。

【良い借金のサイクル】

・借金をする
←
・借金で得たお金を自己投資（自分や会社の成長につながる投資）に回す
←
・新しいスキルが身につき、キャリアアップできる
←
・キャリアアップしたことで収入が増える
←
・増えた収入から返済する

悪い借金

……自分や事業の成長に何ら寄与しない借金、享楽にふけるための借金、他者に貢献しない借金、価値を生み出さないものを得るために工面する借金。返す当てがない、あるいは借金の返済のためにさらに借金を重ねる「多重債務」の状態。

【悪い借金のサイクル】

・借金をする
↓
・借金で得たお金をギャンブルなどに意味なくつぎ込む
↓
・いつの間にか借金が膨らんでしまう
↓
・借金を返済するために別の借金をするようになり、多重債務になる
↓
・返済ができなくなって、自己破産する

¥ 良い借金はやがて、大きな資産に変わる

私が心がけている「お金の使い方」は、「積極的な自己投資」です。自己投資のために借金をしたこともあります。

正しい自己投資をすれば、「まわり回って自分のところに返ってくる」ことがわかっているので、自己投資を惜しむことはありません。

「今はお金がなくて、自己投資ができない」という人もいます。ですが、そういう人でも、「無理のない範囲で借金をして、自己投資をすべき」と私は考えています。

必要があれば借金（良い借金）をしてでも投資する。そして、成長しながらそれを返していけばいいのです。

一時的に借金を背負っても、会社や自分が成長することで、やがて大きな資産に変わります。

良い借金をすすめる理由①
借金をすると「覚悟」が決まる

私は「良い借金は、自分の力になる」と考えています。

借金があるからこそ、モチベーションも上がる。借金は人を本気にさせるし、人を磨くものだと思っています。

「良い借金は、どんどんする」のが、私のスタンスです。

私が「良い借金」をすすめる理由は、主に次の「３つ」です。

①借金をすると「覚悟」が決まる
②借金をすると「時間」が手に入る
③借金は、社会的な「信用」になる

借金をすると「覚悟」が決まる

「借金を返済できなければ、倒産してしまう（自己破産してしまう）」

という危機感を持つ人もいるでしょう。しかし、

「借金を返済するのは苦しいが、その苦しみを乗り越えることで人間的な成長が望める」

と自分の可能性を信じることができれば、仕事に対する本気度は増します。

私自身は借金を背負ったことで、

「借金は、何が何でも絶対に返す」

「その借金で、何が何でも絶対に自己成長する」

「その借金で、何が何でも患者様に貢献する」

という本気の覚悟が芽生えました。

歯科医院を開業するには、設備費、材料費、人件費、テナント代、光熱費、機器のメンテナンス費など、場合によっては、1億円以上の資金が必要です。

そのすべてを自己資金でまかなうのは難しいため、ほとんどの歯科医院は、借金（銀行融資）をしています。私も例外ではありません。

私が北海道・帯広に「いのうえ歯科医院」を開業したのは、31歳のときでした。開業にあたって、銀行から借り入れた融資額は、「2億円」です。

2億円の借金を抱えたとき、当時の私は、大きなプレッシャーを覚えました。いったん借入れをすると、返済義務が生じます。完済まで、途中で返済を休むことはできません。

経営者が生命保険に加入するのは、「返済できないときは、自分の命をもって返済すること」だと解釈し、

「死ぬか、払うか。その二択を迫られている」

ことを覚悟しました。

そんな私に、

「借金を恐れる必要はない」

と励《はげ》ましてくれた人物がいます。

事業をしていた私の「父親」です。

あるとき私は、父親の前で「借金をするのは、つらいな……」とこぼしたことがあります。

すると父親は、「3つ」のことを教えてくれました。

①借入れをしなければ、事業を育てることはできない

「借入れをしない事業なんか、事業じゃないよ。

借入れをしなければ、事業は大きくならない。設備投資をするにも、人を雇うのも、お金がいる。

会社が倒産するのは、借金をしたからではなくて、お金が回らなくなるからだよ。お金が回らなければ、たとえ黒字でも倒産する。

事業においてもっとも大切なのは、無借金経営をすることではない。借金をしてでも、会社を継続的に成長させること。融資を受けてお金を回していれば、経営は安定するよ」

②繰り上げ返済をする必要はない

「借金は、決められている期間内に返済すればいい。『借金を早くなくしたいから、早く返済したい』と焦ることも、短期間で完済する必要もないよ」

③自分の人生を犠牲にすることはない

「『生活を切り詰めて、浮いたお金を返済に回そう』と考えないほうがいい。やりたいことがあったら、やったほうがいい。すべきことをしていきなさい。

とくに、自分を高めるための支出を抑えてはいけない。

返済を優先して自分の人生を犠牲にすることは、お金に負けることを意味する。お金に勝たないといけないよ。

いちばん大切なのは、自分と会社を育てるためにお金を使うことであって、借金返済を優先することではないよ」

父親に背中を押された私は、借入金を「使わずに貯めておく」のではなく、「自己投資」のために積極的に使いました。

金曜日の診察後に、帯広から東京に移動。土曜日と日曜日は都内で勉強会に参加。日曜日の最終便で札幌に戻り、新千歳空港から夜行電車に乗って月曜日の早朝に帯広に戻る……。

そんな生活を6、7年続けたと思います。渡米費用を捻出してニューヨーク大学で2年間学んだのも、成長のためです。

「借金の返済」を優先するのであれば、土曜日も日曜日も診察をして利益を上げたほうがいい。渡米もしないほうがいい。

ですが私は、

「勉強する」

「技術の向上を図る」

「歯科医師としての自分を磨く」

ことを選びました。

その結果、

①歯科医師として技術が向上
（他の歯科医院では難しい患者様にも対応できる）
↓
②患者様から信頼を得る
↓
③患者数が増える
↓
④利益が出る
↓
⑤借金の返済スピードが上がる
↓
⑥金融機関から信頼を得る
↓
⑦また融資を受ける

←
⑧「①」に戻る

という好循環が生まれたのです。

私は、「患者様のことを考えるなら、借金をしてでも、設備投資と技術向上に励まなければならない」という思いを強く持っていました。

借金は自分のためであり、引いては患者様のためでもあります。

北海道・帯広にある「いのうえ歯科医院」に、東京や海外からも多くの患者様がお見えになるのは、「良い借金は善」という私の考えが間違っていなかったからです。

良い借金をすすめる理由②
借金をすると「時間」が手に入る

借金の本質は、

「時間の先取り」

「未来のお金の先取り」

です。

【時間の先取り】

たとえば、留学するのに、「500万円」必要だったとします。「500万円貯めてから、留学をしよう」とすると時間がかかるため、留学は先送りになってしまいます。ですが、留学ローンなどを活用すれば、「勉強が必要な時期」に留学が可能です。

20歳で留学するのと、40歳で留学するのでは、人生の選択肢や収入に大きな違いが生じます。

「貯蓄」にこだわると、大幅な時間のロスが生まれます。お金が貯まるまで「やりたいことをはじめられない」からです。

欧米のエリートビジネスマンの中には、借金をしてでも若いうちにMBA留学に行く人がいます。MBAを取得すれば、年収1000万プレーヤーになることがわかっているからです。借金をしてでも20代半ばで学位を取ったほうが、長期的にはメリットは大きくなります。

タイミングを逃さないためには、「貯蓄ができてから」では遅い。必要なときに、必要な額の借金をすることが大切です。

MBAのように「序盤で獲得しておけば、長期間にわたって好影響を及ぼす資産」をつくろうと思ったら、借金は有益です。

【未来のお金の先取り】

お金はどこから借りるのかというと、金融機関です。では、金融機関への返済の原資は何かというと、自分の仕事で得た利益です。

借金は「金融機関からするもの」ですが、実際は、金融機関を間に挟んで、「未来の自分から借りている」ことがわかります。

借金をすると「時間のムダ」がなくなる

私の場合は、借金をしたことで「時間のムダ」を省くこともできました。

借金を返済するには、売上を上げなければなりません。売上を上げるには、世界最高レベルの技術を身につけて、患者様に喜ばれることが大前提です。

そのために「必死に勉強する」「必死に仕事をする」ようになったことで、生産性の低い時間が減りました。

「本当に大切なこと」「本当に価値のあること」だけに集中することができたのです。

良い借金をすすめる理由③

借金は、社会的な「信用」になる

私が金融機関から2億円の融資を受けたとき、「そうか、銀行がはじき出した『井上裕之の値段』は、2億円なんだ」と実感しました。

命はお金では測れない。誰の命も等しく平等である。人間の命は尊い……。そのとおりです。

ですが、金融機関は、その経営者の将来性を数値化してお金を貸しています。融資が受けられても、受けられなくても、その経営者の「人間として」の価値は変わらない。

命の値段はプライスレスです。それでも私は、「融資額＝井上裕之の経営者としての評価」ととらえました。

「2億円」は、いわば、当時の私の金融的な価値といえます。

金融機関は、「信頼できない経営者」「信頼できない会社」「将来性のない経営者」「将来性のない会社」にはお金を貸しません。

金融機関から融資を受けられるのは、事業のビジョン、将来性、経営者の人間性が評価されているからです。

融資の額が多ければ多いほど、経営者として高い評価を得ていると考えることができます。

期日を守って返済実績をつくると、「信用」が生まれる

金融機関は、融資先の借入実績と返済実績を見ています。金融機関から融資を受け、期日を守って返済実績をつくると、「信用」が生まれます。

金融機関から1億円を借りたとき、銀行はその会社を「1億円を借りた会社」と評価します。1億円をきちんと返済をすると、評価は「1億円を返済できる力

を持った会社」に変わります。

きちんと期日を守って返済をしていれば、次の融資が受けやすくなります。

「A銀行から1億円の融資を受けている」としたら、それは「1億円も借金をしなければいけないほど、会社が傾きかけている」ことではなく、

「銀行が1億円も貸せるほど、信用度の高い会社である」

「銀行から1億円も借りられるほど、経営が安定している会社である」

という意味です。

「銀行から借入れをして、問題なく返済した」という実績をつくり、金融機関との信頼関係を築いておく。そうすれば、コロナ・ショックのような万が一のときでも、必要な資金を調達しやすくなります。

経営者は、借金と返済を繰り返しながら、事業基盤を拡大していきます。個人にもこの原則は当てはまると私は考えています。

友人・知人間でお金の貸し借りをしてはいけない

「借金」をする場合は、「絶対に借りてはいけない相手」がいます。「違法な金融業者（無登録業者）」と、「友人・知人」です。

・「違法な金融業者（無登録業者）」

金融業者の中には、免許を受けた銀行や信託会社でないにもかかわらず、「バンク」「信託」という文字を使用している業者も見受けられます。

このような無登録業者を銀行、信託会社であると信用し、借入れをすると、金融被害に巻き込まれる危険があります。

・「友人・知人」

「友人・知人」からお金を借りようとする心理には、

「利息がいらないから返済がラクだ」

「少額なら簡単にお金を貸してもらえそう」

「少しくらい返済が遅れても許してくれそう」

「審査がいらない」

といった借り手の甘い考えが見え隠れしています。

甘い考えを持った状態でお金を借りても、「良い借金」にはなりません。本気度が足りないからです。

どんなに親しくてもお金は貸さないほうがいい

「親しい友人から、お金を貸してほしい」と頼まれたら、あなたは貸しますか？

「金額にもよる」「お金が必要な理由にもよる」「必ず返してくれるのであれば貸す」など、さまざまな考え方があると思います。

ウェブメディア運営会社が実施したお金に関するアンケートでは、

「友だちに頼まれたらいくらまでお金（生活費）を貸しますか？」

という質問に対して、次の結果が出ています（参照：株式会社タンタカ「お金を借りる即日融資ガイド110番」500人の男女にアンケート調査）。

①貸さない……35・4％
②5000円〜1万円未満……21・4％
③1万円〜5万円未満……20・8％
④5000円未満……17・0％
⑤5万円〜10万円……3・8％

もっとも多い回答は、

「貸さない」

です。

また、「返済が遅れたり回収不能になった場合、今までの関係を継続できますか？」という質問に対しては、「はい 7・6％」「いいえ 92・4％」という結果になりました。

世界有数の金融機関「バンク・オブ・アメリカ」の調査によれば、「お金の問題で友人を失ったことがある」という人は、回答者の50％を超えています。調査結果では、

「お金を借りた人の75％近くが全額を返済していない」

「友人を助けるために貯蓄を取り崩すと、自分の生活も苦しくなる」

「返済を促すことで気まずくなる」

などの理由から、「友人や家族にお金を貸すことは良くない」としています。


私も、「お金の貸し借りは、基本的にはしないほうがいい」という立場です。

友人・知人間でのお金の貸し借りは、

「友人間でトラブルが生まれる」

「友人関係に上下関係ができて、これまでの付き合いができなくなる」

「何年たっても後ろめたい気持ちが続く」

など、人間関係が壊れやすくなります。

私もかつて、ある方の事業を支えるため、経済的支援をしたことがあります。先方は「必ず返す」と頭を下げましたが、私は、返してもらおうとは思っていませんでした。

その事業に「協力する」、その事業に「貢献する」と考えたのです。

「絶対に返してもらう」という気持ちが強すぎると、返済がなされなかった場合、相手に対する不信感や、「返してもらえるのだろうか」という不安感を抱えることになります。こうした不信感や不安感は、大きなストレスになります。

私が友人・知人に対して経済的支援をするときは、

「返ってこなくても許せる金額内にする」
「返ってこなくても、人間関係が破綻しない相手に貸す」

のが基本です。

仮にお金を貸すのであれば、

①お金を借りたい理由に「私利私欲」が含まれているとき（遊興費やギャンブルなど）は貸さない。
②返ってこなくても自分に影響のない金額を貸す（上限を決めておく）。
③「返ってこなくてもいい」と思える相手に貸す。

この3つのルールを守るようにしましょう。

納税は感謝のあらわれであり、社会貢献である

税金とは、国や地方公共団体が、必要な経費をまかなうため国民から強制的に徴収するお金のことです。

私たちが納めた税金は、主に「国民医療費、年金」「公共事業」「教育」「警察・消防費、ゴミ処理」「経済協力（政府開発援助）」に使われています。

私たちは、法律の定めるところにより、納税の義務を負っています。

それでも多くの人が「税金を払いたくない」と思っています。

その理由は、

「納めた税金が何に使われているかわからない」

「納めた税金がムダ遣いされている」（会計検査院が指摘している「税のムダ」は、２０１８年度が１００２億円となっている）。

「税金を払っていない人でも、行政サービスを受けることができる」

「税金を多く払ったからといって、より多くの行政サービスを受けられるわけではない」

「税金をたくさん払ったからといって、会社の売上が伸びるわけではない」

など、税金の使われ方が不透明だったり、税金を払うメリットを感じにくいからです。

課税のしくみや税制上の特例を知っておく

私は税金に対して、次のように考えています。

●納税は感謝のあらわれ。納税は、社会貢献

税金を払えるのは、仕事をさせていただいたからです。「いのうえ歯科医院に利益が出ていなければ、税金を払うことはできません。私は、

「『仕事をさせていただいたこと』に感謝しよう。そして、その感謝の気持ちと

して、『税金』を納めよう。納税できることは、ありがたいことだ」

「税金のムダ遣いがクローズアップされているものの、税金が私たちの生活を支えているのは事実である。安心安全な生活ができるのも、すべて税金が活かされているからだ。社会貢献の形はいろいろあるが、納税こそ最大の社会貢献である。社会にお金を還元するためにも、きちんと納税しよう」

と考えています。

●脱税はしない。けれど、節税はする

脱税はしません。ですが、合法的な節税をしています。

節税をするには、「税金」に対する知識が必要です。

「日本の税制はおかしい」「税金が高すぎる」と批判する人の中にも、じつは、「税金のしくみ」を理解している人は少ない気がします。

「税金をたくさん払って、損をした」と憤《いきどお》っているものの、「毎年、自分がいくら所得税（会社の場合は法人税）や住民税を払っているのか」「税金が何に使われているのか」はわからない。

「支出を減らしたい」と考えているのに、納めている税金の額を知らない人は多いものです。

たとえば、住民税。会社員の場合、住民税は給与から天引きされ、会社がまとめて納付してくれます。そのため会社員は、「税金の納め方」に無頓着になりがちです。

「税金は、無知の罰金」とも言われています。適正な税額を払いたいのであれば、「税金が高い」と不満を口にするだけでなくて、課税のしくみや軽減措置といった税制上の特例なども勉強しておくべきです。

税制に無知では、払わなくて済むはずの税金、申告すれば取り戻せる税金を見逃すことになりかねません。

第2章

お金は「循環」させて増やしていく

お金は貯めるものではなく、「回す」もの

「金は天下の回りもの」ということわざがあります。

このことわざは、一般的に、

「お金は一箇所にとどまるものではなく、常に人から人へ回っているもの。今はお金を持っていてもいつかは失うこともあるし、今はお金を持っていなくても、いつかは手にすることもある」

という意味で使われます。

「お金がなくても、一生懸命働いていれば、いつかお金は手に入る」

という励ましや、

「お金は回すものだから、ケチケチしないで使ったほうがいい」

「血液の巡りが悪いと健康に害を及ぼすように、世の中もお金の流れが良くないと経済が悪くなる」

といったニュアンスで用いられることもあります。

私も、「お金は循環させたほうがいい」と考えています。

お金を循環させることで、

「自分が成長する」

「人生のバランスが整う」

「お金に困らなくなる」

「社会貢献につながる」

からです。

予期せぬリスクに備えるために、ある程度の貯蓄（目安として、会社員なら、手取り月収の3ヵ月分、雇用保険に入っていない人は、手取り月収の6ヵ月分）はあったほうがいいと思います。

ですが、貯蓄や節約を目的にしないこと。守銭奴《しゅせんど》（お金を貯め込むことに異常な執着を持つ人）はお金を回さないため、経済的な自由が手に入りにくい。

必要なときに必要なものにお金を投じることで、お金は良い循環を生みます。

「お金の循環」には2つの意味がある

「お金の循環」には、2つの意味があると私は考えています。

「社会を支える循環」と「エネルギーの循環」です。

【社会を支える循環】

お金は、「個人」「企業」「国」の3つの間をぐるぐると回っています。

私たちは労働の対価として、お客様や勤め先からお金（賃金）を受け取り、受け取ったお金の中から、商品やサービスを購入しています。

個人や企業は、国に税金を納めて、社会保障、補助金、公共サービスの提供を受けています。

日本の景気がなかなか上向かない原因のひとつは、「個人や企業がお金を使いたがらない」ことです。

「老後が心配だから」「先行きが不透明だから」とお金を貯め込んでいると、社会にお金が回らない悪循環に陥ります。

個人や会社がお金を使えば、世の中を回るお金が増えて、景気が上向きます。景気が上向けば給料も上がり、国の税金収入が増えて、社会保障が充実します。

【エネルギーの循環】

エネルギーとは、そのものが持っている潜在的な力（パワー）のことです（物理学では、「物体が仕事をする能力」のこと）。

お金にもエネルギーがあります。

「潜在意識」の世界では、

「私たちは、まわりの人や職場、行く場所、住む環境、お金の使い方など、ありとあらゆるものが持つエネルギーの影響を受けている」

「エネルギーには、良いエネルギーと悪いエネルギーがあって、悪いエネルギーは悪い出来事を、良いエネルギーは良い出来事を引き寄せる」

と考えられています（潜在意識については、次項を参照してください）。

「類は友を呼ぶ」のも、自分と同じエネルギーを持つもの同士が引き合うからです。

「良いエネルギーは良い出来事を引き寄せる」とは、

たとえば、

「人にやさしくする↓人からやさしくされる」

「一生懸命努力をする↓成果が出る」

「自己投資をする↓スキルアップする↓さらにお金が稼げるようになる」

「友人との食事にお金を使う↓親交が深まる↓人のつながりが増える↓仕事につながる↓さらにお金が稼げるようになる」

「悪いエネルギーは悪い出来事を引き寄せる」とは、

「人の悪口を言う↓人から悪口を言われる」
「いい加減な気持ちで仕事をする↓失敗する」
「人のためにも自分のためにもお金を使わない↓次の進展がない↓自分を変えることができない↓低所得のまま」

といった、原因と結果の因果関係のことです。

笑顔の人、元気な人のそばにいると、元気をもらえる気がする。
落ち込んでいる人のそばにいると、自分も悲しい気分になる。
怒っている人のそばにいると、不快な気分になる。
喜んでいる人のそばにいると、自分も嬉しくなる。
こうした感情の伝播も、エネルギーの引き寄せです。

「潜在意識」や「エネルギー」は目に見えないため、「あやしい」と思われがちですが、物理学や脳科学などで説明できる「科学」です。

エネルギーについて詳しく説明するには、量子力学に踏み込む必要があるため、

難解になります。ここでは、

「ありとあらゆるものは、エネルギーを持っている（お金にもエネルギーがある）」

「エネルギーには良いエネルギーと、悪いエネルギーがある」

「良いエネルギーとは、良い結果を生み出すパワーのこと」

「悪いエネルギーは、悪い結果を生み出すパワーのこと」

という概念を理解しておいてください。

お金を使うと、お金の持つエネルギーが循環します。

お金を正しく使えば、正しい結果が引き寄せられ、お金を無意味に貯め込んだり、自分のためだけに使うと、悪い結果が引き寄せられるのです。

潜在意識が悪いエネルギーにさらされるとお金の不安が顕在化する

私の専門領域は、歯科医療のほかに、もうひとつあります。

それは、「潜在意識」です。

潜在意識の研究と普及の実績を認められ、「ジョセフ・マーフィー・トラスト」から世界初の「グランドマスター」の称号をいただいています。

ジョセフ・マーフィーは、潜在意識やイメージの重要性に着目し、自分やまわりの人を成功、幸福へと導く「潜在意識の法則」を提唱した人物です。


潜在意識とは、わかりやすく言うと、「無意識」のことです。

意識には、自覚できる意識と、自覚できない意識があります。

自覚できるものを「顕在《けんざい》意識」、自覚できないものを潜在意識（無意識）といいます。意識は、よく「海に浮かんだ氷山」にたとえられます。

・水面から突き出している部分（顕《あら》われている部分）……顕在意識
・水面下に隠れている部分（潜《もぐ》っている部分）……潜在意識

「顕在意識」は、「氷山の一角」にすぎず、人間の行動の95％は、潜在意識（無意識）によって支配されています。

日常の行動、ひらめき、直感、判断、緊急時の対応などの決定も、潜在意識の影響を受けています。

潜在意識は「知識の貯蔵庫」とも呼ばれ、過去の記憶や見聞きしたすべてのものが蓄積されているのです。

・潜在意識が悪いエネルギー（ネガティブな感情、攻撃的な感情など）に満たされる→悪い結果につながる
・潜在意識が良いエネルギー（ポジティブな感情、平和的な感情など）に満たさ

れる→良い結果につながる

潜在意識に刻み込んだことは、現実となってあらわれる

潜在意識の中に、お金に対する否定的な情報やネガティブなワードが組み込まれていると、お金を正しく稼いだり、正しく使うことが難しくなります。

たとえば、お金を使うことに罪悪感を覚える人は、「親（大人）が発した悪いエネルギー」の影響を子どものころに受けている場合があります。「うちにはお金がない」「うちは貧しい」という親の口癖が、「悪いエネルギー」となって、いつの間にか、子どもの潜在意識に刷り込まれているのです。

ジョセフ・マーフィーは、

「潜在意識の中に刻み込んだことは、現実となってあらわれる。潜在意識に種をまけば、まいた種と同じ種類にものを収穫することになる」

と述べています。

つまり、お金に対する罪悪感（＝悪いエネルギー）を刷り込まれた子どもは、どれほどお金があっても「お金がない」と不足感に苛《さいな》まれます。そして、「お金を使ってはいけない」

「ほしいものもほしいと言ってはいけない」

と我慢するようになり、いつまでも「お金がなくなる恐怖」に怯え続けます。

「お金がない」と口にすることは、「自分にはお金を稼ぐ力がない」と認めることです。

「自分には稼ぐ力がない」「どうせ自分はお金持ちになれない」とあきらめているから、意欲がない。意欲がないから、行動しない。行動しないから現状は変わらない。現状が変わらないから、所得も増えない……。

お金がない状態をつくり出しているのは、自分自身なのです。

お金の不安をなくし、自由で幸せな人生を手に入れるのは、

「潜在意識が、悪いエネルギーにさらされないようにする」
「潜在意識が、良いエネルギーに満たされるようにする」

ことです。そのためには、お金を正しく使うこと。お金を使うことをためらわないこと。

お金がなくなることを恐れ、ネガティブな思いのままお金を使うと、手に入れた喜び以上に、「お金を失った悲しみ」や「後悔」を引きずることになります。

お金を使うときは、感謝の気持ちを持って送り出しましょう。

「自分にとってどれだけの価値があるか」を考えながらお金を使う

「通帳の数字を増やすのが楽しみ」という人もいるかもしれません。ですが、そのことだけにこだわると、お金の力を十分に発揮できなくなります。

豊かな人生を送りたいのなら、「貯める」と「使う」のバランスを考えて、お金を正しく循環させることが大切です。

お金の価値には、「相対的な価値」と「絶対的な価値」があります。

・**相対的な価値**

金額が上がるほど、価値も上がる。個人の価値観は反映されない。

・**絶対的な価値**

金額の高低にかかわらず、「その人の気持ち」によって価値が変わる。

その上で、私は

「その出費に対して、どのくらいの絶対的な価値を見出せるのか」

で、お金を使うか、使わないかを判断しています。

「絶対的な価値」をもう一歩踏み込んで言うならば、

「その人にとっての価値」

「個人の価値」

と考えています。

人の気持ちをお金に換算することはできません。値段だけでは測れない「その人にとっての価値」があります。

リンゴAが100円、リンゴBが200円で売られていたとき、相対的な価値は、リンゴBのほうが高くなります。

ですが、リンゴAが、「お世話になった人が収穫したリンゴ」であったり、「大切な人からいただいたリンゴ」「どうしても一度は食べたかったリンゴ」だとしたら、リンゴAは、その人にとって、リンゴB以上（100円以上）の価値を持ちます。

お金を使う上で大切なのは、「絶対的な価値」を意識することです。

金額が高いか安いかだけで判断せず、「自分にとって、どんな価値があるのか」を考えることが重要です。

節約よりも大切なのは、人生を豊かにすること

たとえば、私が移動手段にタクシーを使うのも、東京滞在中にホテル暮らしをしているのも、美容院に月2回行くのも、パーソナルジムでトレーニングを積むのも、私にとって「絶対的な価値がある」からです。

「できるだけお金を使わない」という判断基準で行動を制限するのであれば、タクシーではなく電車のほうがお金はかからない。

それでも私がタクシーを選ぶのは、お金よりも「体の負担を軽くする」ことに

価値を感じているからです。

1年の半分近くを東京で過ごしているため、「マンションを買ったほうが安いのではないか」と聞かれることがあります。たしかに「金額」だけを考えたら、購入したほうがお金はかかりません。

それでも私がホテル暮らしを続けているのは、支払う金額以上に、「セキュリティが安心」「立地が良く、どこに行くにも移動しやすい」「掃除・家事の手間がかからない」「コンシェルジュがサポートしてくれる」「ホテル内の施設が使える」といったメリットを感じているからです。

美容院に月2回行くのは、セミナー講師としての印象や身だしなみを常に整えておくため。パーソナルジムに通うのは、プロの指導を受けたほうがトレーニング効果は高いと考えているためです。

「井上先生は成功してお金があるから、タクシー移動も、ホテル生活もできるのですよね。普通の人は、やりたくてもできない」

と言われることがあります。

私がタクシー移動やホテル生活ができるのは、「お金があったから」ではありません。

「そのことに価値を感じ、そのことにお金が使えるように、仕事で結果を出している」

「仕事で結果を出すために、自己投資をしている」

からです。自分の理想の生活ができるように、お金を稼ぎ、使う。それが私のお金の使い方です。

私たちの人生で大切なのは、プライベートや仕事を充実させることであって、節約が最上位にくるわけではありません。

そのためには我慢ばかりせず、

「自分にとっての価値があるもの」

にお金を使うことです。

良いエネルギーを取り入れるには、お金を「自己成長」と「社会貢献」に使う

私が、「何に対して絶対的な価値を見出しているか」「どのようなものなら、お金を出していいと思っているのか」というと、主に「2つ」あります。

それは、「自己成長」と「社会貢献」です。

・自己成長
勉強会やセミナーに参加したり、本を買うなど。自分のスキルや能力を高めるために使うお金。旅行、映画・演劇・音楽・アート鑑賞、趣味など、経験に使うお金。

・社会貢献
社会のため、人のために使うお金。誰かを応援するお金。

「自分を高めてくれるもの」と「人の役に立つもの」には、お金を惜しまない。「自己成長」と「社会貢献」にお金を使うと、「良いエネルギー」を取り込めるので、お金の好循環につながります。

「情けは人のためならず」は科学的にも正しい

「情けは人のためならず」は、「人に対して情けを掛けておけば、巡り巡って自分にも良い報《むく》いが返ってくる」という意味のことわざです。

「情けは人のためならず」の正しさは、科学的にも立証されています。

大阪大学大学院人間科学研究科の研究グループは、幼児の日常生活において、「親切が広く交換されるしくみが働いている」ことを確認しています。

登場するのは、3人の幼児です。

「幼児Aに幼児Bが親切にしていた」とします。

この様子を見ていた幼児Cは、幼児Aに対して選択的に親切にしていました。

　このことから、

「親切を行う幼児は、のちにまわりの幼児から親切にしてもらいやすい」

「自分が親切にした分をまわりの幼児から返してもらっている」

ことが明らかになったのです（参照：大阪大学・研究成果リリース／「情けは人の為ならず」を科学的に実証―親切が広く交換される仕組みを幼児の日常生活で初めて確認―）。


大人の社会でも、「親切が広く交換されるしくみ」は働いています。

　社会のため、人のためにお金を使うと、いつか巡り巡って、自分のところに返ってきます。

ファッションが「自己成長」と「社会貢献」である理由

　私は「身だしなみ」や「ファッション」に「絶対的な価値」を感じています。

　私がファッションにお金をかけるのは、見栄を張りたいからではありません。

　ファッションに「自己成長」と「社会貢献」の価値を見出しているからです。

【ファッションが自己成長である理由】

私にとってファッションは、セルフイメージを高めてくれるアイテムです。

フランスの革命家、ナポレオン・ボナパルトが、「人はその制服通りの人間になる」と言ったように、人は、服装に適した気持ち、態度、行動を取る傾向があります。

ハードフォードシャー大学（イギリス）のカレン・パイン教授は、服装がおよぼす心理的影響をまとめた著書（『Mind What You Wear』）の中で、「服装が自信につながる」と結論づけています。

学生たちにスーパーヒーローがプリントされたTシャツを着てもらった結果、「自信がついた」「強くなった気がする」という回答が多かったのです。

セミナーや講演会で人前に立つとき、私が洋服にハイブランドを選ぶのは、

「自分を奮い立たせてくれるから」
「いい未来をイメージできるから」
「背筋が伸びるような気持ちの変化を感じられるから」

「服に着られるのではなく、『着こなせる自分になろう！』『このブランドにふさわしい自分になろう！』という意欲がわくから」です。

服装は、気分や考え方に大きな変化を与えます。

洋服と潜在意識はつながっているため、自分を成長させる服に着替えることで、心と行動が変わります。

【ファッションが社会貢献である理由】

「自分の経験を発信する」ことは、社会貢献のひとつだと私は考えています。

目の前に「100万円」のジャケットがあったとします。

このジャケットに、「希少性の高い生地を使っている」「世界に一着しかない」「歴史的な成功者が着用していたヴィンテージである」といった特別なストーリーがある場合、私はお金を払います。

「100万円のジャケット」を買うのは、自分の所有欲を満たすためでも、社会的ステータスをアピールするためでもありません。

このジャケットを着て登壇すれば、ジャケットのストーリーとともに、

「一流に触れる大切さ」

「本物を知る楽しさ」

を伝えることができます。

私の話を聞き、聴講者の世界観が広がったとしたら、私は「聴講者に貢献した」ことになります。

さらに、「100万円のジャケット」のすばらしさを伝えることは、生産者、販売者の利益に貢献することにもつながります。

¥ 衝動買いのあとに「後悔しない」方法

今の私には、買い物の失敗はありません。「買わなければよかった」と後悔することもありません。なぜなら、すべてに価値を見出しているからです。

以前、海外の通販サイトで洋服を購入したときのことです。試着ができなかったため、サイズが合っていませんでした。

普通なら「失敗した」「ムダになった」と思うところです。

ですが私は、こう考えました。

「そうか。通販サイトを利用するときは、サイズに気をつけなければいけないのか。通販で買い物をするときは、着丈、肩幅、身幅、袖丈の4つのサイズを測っておくと失敗しないらしい。勉強になった」

とポジティブに解釈したのです。

つまり、「失敗した」「ムダになった」という悪いエネルギーを引きずらないで、「学び」という良いエネルギーに変換したわけです。

お金は、意味を見出すことで資産に変わる

お金は、意味を見出すことで「資産」に変わります。

使う以上は価値を見出す。

お金を使ったことで「何を得たか」を考える。

衝動買いのあとに後悔しそうになったら、「自分にとってのプラス」に目を向

ける。意味を見出せないお金は、ただの「浪費」です。

ここまでの話をまとめるならば、私の考える「お金の使い方がうまい人」というのは、

・自分のしたいことや、自分の大切なものにお金を惜しまない人
・私利私欲のためでなく、人のためにお金を惜しまない人

となります。

自己成長や社会貢献のために使うのであれば、使った金額以上の価値をもたらすことができるでしょう。

「プロフィールづくり」にお金を使う

私にとって「自己成長にお金を使う」ことは、「プロフィールづくりにお金を使う」ことでもあります。

私にとってプロフィールは、単なる自己紹介ではありません。プロフィールづくりは、「人生の設計図」をつくることです。

「プロフィールに書く内容が増える」ことは、「理想の自分に近づいている」ことをあらわしています。

私には、明確な目的（ゴール）があります。

思い描く理想の自分があります。

・医師として、日本に欧米と同レベルの「歯の文化」を築く。
・作家として、読者の人生を変える良書を出版し続ける。

・潜在意識の第一人者として、多くの人の夢実現に関わる。

私は、物事を逆算思考で考えています。

逆算思考とは、ゴールと期日を定め、それを実現するためのプロセスを逆算して洗い出し、実行していく考え方です。

はじめに「理想の姿は何か」を思い描き、次に「その理想を実現するには、何を学び、何を身につけなければならないか」を考えます。

「今、すべきこと」が決まったら、愚直に、一歩一歩、学び続ける。その結果として、プロフィールに書く内容が増えていったのです。

【逆算思考の一例】

◉ゴール……「欧米と同レベルの『歯の文化』を築く」

・「欧米と同レベルの『歯の文化』を築く」ためには、どうしたらいいか。

↓

・欧米の歯科医療のレベルや実態を学ぶ必要がある。

・そのためには、海外で学んだほうがいい。では、いつ、どこで学ぶべきか？
↓
・「10年後にインプラントで地域ナンバー1」になるには、この時期までに海外で学んだほうがいい。
学ぶ先は、全米最大の歯科医療・研究施設である「ニューヨーク大学」にしよう。

日本の歯科従事者で、ニューヨーク大学のCDEインプラントプログラムを卒業した人はいない。このプログラムを受講すれば、「日本人初」を名乗ることができる。

↓
・プログラムを受講。「ニューヨーク大学のCDEインプラントプログラムを日本人で初めて卒業」とプロフィールに書けるようになる。
↓
・世界レベルの歯科技術を身につけるために、そして、海外とのネットワークをつくるために、他の大学でも学ぶべきではないか。

↓

・欧米の一流医大で研鑽を積む。

↓

・「ペンシルベニア大学、イエテボリ大学、ハーバード大学で世界レベルの歯科医療を学ぶ」とプロフィールに書けるようになる。

↓

・「欧米と同レベルの『歯の文化』を築く」というゴールに近づくとともに、「井上裕之はこういうミッションとキャリアを持つ歯科医師である」ことが伝わる。

私の「講師、教授」としてのプロフィールに、「元島根大学医学部 臨床教授」「東京医科歯科大学 非常勤講師」「東京歯科大学 非常勤講師」「昭和大学歯学部兼任講師」「北海道医療大学 非常勤講師」「ブカレスト大学医学部 客員講師」「インディアナ大学歯学部 客員講師」「ニューヨーク大学歯学部 インプラントプログラムアシスタントディレクター」とあるのは、「国立、私立」「東京、地方、北海道

(地元)」「日本、海外」など、「網羅的・世界的に歯科医療に携わりたい」と考え、行動した結果です。

プロフィールに書くことがないのは、学びにお金を使っていないから

「プロフィールに書くことがない」

「プロフィールに書ける内容が増えていかない」

としたら、その理由は、

「こうなりたいという理想を持っていない」

「理想を実現するためのお金(学びや自己成長のためのお金)を使っていない」

からです。


最初に「こうなりたい」という理想を思い描く。その理想を実現するために何が必要かを考え、「必要なもの」を手に入れるためにお金を使う。そうすることで理想の自分に近づき、プロフィールも充実していきます。

PDCAサイクルでお金の使い方を改善する

PDCAサイクルは、Plan（計画）→Do（実行）→Check（評価）→Action（改善）を繰り返すことによって、業務を継続的に改善する手法です。

生産・品質管理モデルに由来するサイクルですが、「お金の使い方」にも応用できます。

この手法を応用するとムダづかいがなくなり、「自分にとって価値のあるもの」にお金を集中的に使うことができるようになります。

Plan（計画）

税金や社会保険などを除いた手取り金額のうち、「何に、どれくらいお金を使うか」予算を設定します。

予算は、3つに割り振って仮決めします。

・消費：生活するために必要なお金（食費、家賃、水道光熱費、通信費など。固定費と変動費がある）
・貯蓄：将来のリスクに備えるためのお金
・投資：自己成長や社会貢献のためのお金

「生活費が余ったら、貯蓄や投資に回す」のではなく、最初から貯蓄と投資の予算を決めておくことが大切です。

Do（実行）

予算に沿って、お金を使います。

Check（評価）

決めた支出の割合でお金を使うことができたかを検証します。

計画よりも支出が増えてしまった場合、「なぜ計画通りに実行できなかったのか」「何にお金を使い過ぎたのか」を調べます。

最初に見直すのは、「消費」です。

消費は、固定費（通信費、水道光熱費、定期課金サービスなど）から見直します。毎月かかる固定費はだいたい同じなので、一度見直すと支出の管理がしやすくなります。

投資は、「自分を成長させるため」に必要なものなので、極端にお金を減らすのは得策ではありません。

「スポーツクラブに入会したけれど、利用していない」「セミナーを受講したけれど、参加していない」「本を買ったけれど、読んでいない」などの理由で費用対効果が低くなっているとしたら、それは計画が間違っていたのではなく、「実行のプロセス」に原因があります。

Action（改善）

お金に見合った成果を上げるには、「どうすれば継続できるか」を考えます。

三日坊主で終わってしまうのは、「目的がぼんやりしている」からです。

たとえば、「英会話力を身につけたい」と思ったとき、その目的が明確になっていないと、途中で投げ出してしまいます。継続できずにお金を浪費するのは、目的に対する欲求が「弱い」からです。


そうした場合は、次のように考えます。

「それが本当にやりたいことなのか」目的をもう一度考える。

「目的を達成した自分」をイメージする。

「今やらなければ、何も変わらない」という覚悟を持つ。


「どうしてもそれがやりたい」「どうしてもそれがほしい」という強い欲求を持って行動すれば、結果がともないます。

だから、お金はムダになりません。

「どうしても」という気持ちが持てなかったり、目的が決まらないときは、その学びにお金を使う必要はないと思います。

お金の使い方に基準をつくる

他人と比べて収入が低いわけではないのに、お金が貯まらないのは、「支出に気を配らず、なんとなく、行き当たりばったりでお金を使っている」ことが原因です。

一方、お金が貯まる人に共通しているのは、「何に、いくら使うか」に気を配っていることです。

お金の使い方に基準を設けないと、ムダな出費を抑えることはできません。

お金は、有限資源です。

あることにお金を使えば、他のことには使えなくなります。「高い価値が得られること」にお金をムダなく使うためには、定期的にお金のPDCAサイクルを回して、収入と支出のバランスを見直しましょう。

「宝くじの高額当選者の多くがのちに破産している」は本当か？

私は、「お金は、人に感謝されていただくもの」と解釈しています。

潜在意識の世界では、

「相手に感謝されることなく受け取るお金は、使い方を間違えると、自分に対して悪い結果をもたらしやすい」

と考えられています。


たとえば、宝くじ。

「宝くじで高額当選をした人は、その当選金額を使い果たして破産する」

「宝くじで億万長者になった人の7割が自己破産する」

「宝くじに当選した人の約3分の1は、数年以内に破産している」

といった情報を見かけます。

実際は、どうなのでしょうか？

アメリカでは、恐ろしいことに、

「大家に財産の3分の1を騙し取られ、実の弟が雇った暗殺者に命を狙われ、事業への投資も失敗し、当選3ヵ月後には自己破産した当選者」

「愛人とのその共犯者に殺害された当選者」

「妻に毒殺された疑いのある当選者」

などが実在するそうです。


日本国内において、宝くじの高額当選者と破産の関係をリサーチした公的なデータは見つかりませんでした。

ただし、みずほ銀行が「1000万円以上の高額当選者」に『【その日】から読む本』という小冊子を配布しています。

「ローンや借金の返済を優先すること」

「当選について知らせる人をリストアップすること」

「仕事は辞めないようにすること」

「冷静になって落ち着くこと」

といった心構えを啓発していることを考えると、当選金を浪費して破産したり、詐欺に遭ったり、財産トラブルに巻き込まれたりする当選者が増えていることがうかがえます。


一方、(私の知人がそうなのですが) 何度も高額当選しているのにトラブルに巻き込まれることはなく、充実した人生を過ごしている人もいます。


では、不幸になる高額当選者と、幸せになる高額当選者の違いは、何でしょうか。ひと言でいうと、「身の丈《たけ》」だと思います。

一時的な大金に興奮せず、身の丈に合った使い方をしていれば、破綻することはありません。

知人は、何億という当選金が入っても、生活スタイルを変えませんでした。

豪邸を建てるわけでも、見た目が派手になるわけでもない。

宝くじの当選金にすべて頼るのではなく、今までの仕事を続けながら、「少しの潤いのため」に、そして、「人のため」に当選金を使っています。

大金が入っても、生活を大きく変えてはいけない

大金が入ったからといって散財したり、生活習慣を変えたり、仕事を辞めたりしない。

「会社の規模を大きくするために、当選金を使って設備投資をする」

「親の介護費用に回す」

「視野を広げるために、いろいろな経験をする」

「子どもの教育費用に回す」

など、成長と貢献のために使う。

自分を見失わないで「目的のある使い方」をすればお金が循環し、充実した生活を送ることが可能です。

また、宝くじの当選や遺産相続など、自分で稼いだわけではないお金に対して欲を見せないこと。

不労所得を当てにしたり、独り占めしたりしないこと。

お金＝感謝です。

「誰かに感謝されるようなお金の稼ぎ方、使い方」を考えたほうが、人生は豊かになります。

親が子どもに財産を残さないほうがいい理由

「自分が亡くなったとき、財産を子どもや孫に残してあげたい」と考えている方もいます。しかし私は、

「子どもに財産（＝遺産）を残さないほうがいい」

と考えています。天台宗の尼僧《にそう》、瀬戸内寂聴《せとうちじゃくちょう》さんが、「『子孫に美田を残さず』と言いますが、子どもに財産を残す必要はありません。子どもが一生懸命働いて、分に応じたものを得たほうが幸せな人生を送れるような気がします」（参照：「瀬戸内寂聴『今日を生きるための言葉』／２０２０年４月29日公開）とおっしゃっていました。

私も同意見です。

「財産を残さないほうがいい」と思う理由は、「２つ」あります。

●「相続トラブル」を引き起こす可能性がある

遺産分割をめぐるトラブルは、遺産の金額にかかわらず、誰にでも起こりうるものです。

「相続権のないはずの人から、財産分与を迫られている」「隠し子の存在が発覚した」「相続人のひとりが独占しようとしている」など、遺産分割事件（相続のトラブル）は、近年は増加傾向にあります。

相続が開始されると、仲が良かった兄弟でも遺産分割について揉め、関係が悪化することがあります。「相続」が「争続」に発展して、最悪の場合は「絶縁」にもなりかねません。

●「子どもに苦労させたくない」という親の気持ちがマイナスに働く

「子どもの将来が心配だから、お金を残したい」「子どもに苦労をさせたくないから、お金を残したい」という親心は、じつは、やさしさではありません。

「子どもの将来が心配」なのは、「子どもの未来を信じていない」「子どもの可能性を信じていない」「子どもの能力を信じていない」からです。

不安や不信からくるお金は、負のエネルギー（悪いエネルギー）を持っています。潜在意識には「悪いエネルギーは悪い出来事を引き寄せる」働きがあるので、負のエネルギーを持つお金を受け取っても、子どもは幸せになれません。

本当の財産は「自分の力で生きる力」

私にも娘がいます。私が彼女に残したいのは、「お金」ではありません。「自立する力」（自分の力で生きていく力）です。私は娘に、

「自分で稼ぐ以外の人生はありえない」

「『こうなりたい』というビジョンがあるのなら、親として応援する」

「親が与えるのは、有形のものではなく、無形の知性である」

と伝えています。私にできるのは、彼女にお金を「残す」のではなく、自立する力が育つように、お金を「使う」こと。具体的には、

「教育の機会を与える」

「体験（経験）の機会を与える」

ことです。

「教育には可能なかぎり投資する」のが私の教育方針です。

私が娘のアメリカ留学を後押ししているのは、「これからの時代は、グローバル思考の『ある・なし』によって、活躍する場所や舞台、期間が大きく変わってくる」と考えているからです。

グローバル思考とは、「地球上のすべての人の役に立つ」ことを踏まえて、文化や言語の壁を越えて仕事をしたり行動したりすることです。グローバル思考を身につけた人は、世界のどこにいても活躍できるようになります。

遺産は、子どもの幸せを確約するものではありません。子どもに「自分で稼ぐ力」がなければ、一時的な手助けにしかなりません。

親として子どもに残すべきは、本当の財産、つまり「自分の力で生きる力」ではないでしょうか。

老後資金を増やすもっとも確実な方法

老後不安を解消するには、「ライフプランを考える」ことが大切です。

老後に必要な資金は、その人の生活や年金額、支出、年金以外の収入の有無などによって変わります。

「10年後、20年後に、どんなライフイベントが起こり、お金がいくら必要なのか」を具体的に想定し、必要資金の目安を算出してみましょう（老後資金のシミュレーションができるサイトなどもあります）。

「どの時期に、どのくらいのお金が必要なのか」が明らかになっていれば、貯蓄の目標額が明確になり、将来への不安も払しょくできます。

ライフプランを考えることは、

「将来に向けて、どのように生きていきたいか」

を考えることです。

「自分のやりたいこと」や「自分の目標」が明確になれば、「節約する・貯める」だけでなく、「使う・自己投資する」という選択肢も加わるはずです。

「定年でひと区切り」という発想が生活を困窮させる

2019年5月に金融庁の金融審議会が作成した「年金だけでは老後の資金は足りない。95歳まで生きるには、夫婦で2000万円の蓄えが必要になる」

「老後資金として、公的年金以外に2000万円の自助努力が必要」

との報告書は、物議をかもしました。

「2000万円」という金額が妥当か否かは、それぞれのライフプランによって異なるものの、「退職金や年金だけで老後資金をまかなう」のは、現実的ではないと私も考えています。

自助努力とは、自分で老後資金をつくることです。

では、どうやって老後資金をつくればいいのでしょうか。

仕事をして収入を増やすのが、もっとも確実な方法です。

「資産運用で増やそう」という考え方もありますが、運用で増やそうとすると、「失敗して資産が減ってしまう」リスクがともないます。だとすれば、定年後も現役として働いて、「老後」を短くするのが最善です。

私はこれまで、お金、仕事、人間関係、健康、社会貢献のバランスが取れたシニアを数多く見てきました。

彼らに共通しているのは「生涯現役」であることです。

定年で引退という考えはなく、「一生、仕事をする」ことに意欲的です。

私の頭の中にも「リタイア」という発想はありません。一生涯、「世界最高レベルの歯科医師、作家、セラピスト、コーチ」でありたいと考えています。

私がリタイアしない理由は、老後資金の確保という経済的な事情だけではありません。

「誰かの役に立ちたい」

「自分の知識とスキルを駆使して、世の中に貢献したい」

「自分が受けてきた恩恵を社会に還元したい」

「限界をつくらず、自分の可能性を追い求めたい」

という欲求があるからです。

最期の瞬間までやりたいことをトコトンやり続ける。生涯現役の生き方は、経済的にも社会的にも、ひとつの理想だと思います。

投資で儲けたいなら「10年間」は真剣に勉強する

「井上先生は、不動産や株式など、資産運用もされているのですよね？」

と尋ねられることがあります。

「井上先生は、不動産投資に興味ありませんか？　いい物件がありますす」

と、投資話を持ちかけられることもあります。


私は、「自己投資」以外の投資には興味がありません。

私が投資をしない理由は、主に「3つ」あります。

●「お金を増やすこと」に関心が低い

私は「お金を増やすこと」以上に、「使うこと」「回すこと」を大切にしています。お金は増やすものではなく、「使って、回す」ものです。

「入ってきたお金を正しく使う。使ったことでまた入ってくる。また使う。また入ってくる……」というサイクルが回っていれば、不労所得を得なくても、「お金に困ることはない」と考えています。

●貢献欲求が満たされにくいから

私は、不動産投資や株式投資といった資産運用を否定しているわけではありません。

ただ私の場合は、不労所得を確保して自動的にお金が振り込まれるようになっても、「人生の充足感」を覚えることができないと感じています。貢献欲求が満たされにくいからです。

「投資を通じて社会に貢献する」

「株を買うことは、その会社を応援することである」

という考え方も理解できる一方で、歯科医師として、作家として、セラピストとして、コーチとして、自分の力を存分に発揮して社会に貢献したい。

そして、その力に見合った「感謝の報酬」を受け取るほうが、お金に対するモチベーションは高くなります。

「他者の幸せ」のために、自分の知識・スキル・経験を発揮することが、結果的に「自分の幸せ」につながるのです。

●自分で投資判断できるようになるまで、時間がかかるから

投資で成功している人に共通しているのは、「投資判断を人任せにしていない」ことです。反対に、プロの運用業者にアウトソーシングして売買判断を委ねている人は、失敗しています。

「何かの分野で一人前になるには10年必要」と言われますが、資産運用も同じ。自分で投資判断できるようになるには、「10年」は必要ではないでしょうか。

「儲けたり損したりしながら、10年間、投資について真剣に勉強をする」ための労力を考えると、そのエネルギーを歯科医師、作家、セラピスト、コーチとしてのスキルアップに費やしたほうが、社会に対する私の「貢献度」は上がると思います。

投資リスクを下げる7つのポイント

資産運用の経験が少ない人が、突然、大きな資金を投資をすると、必ず失敗します。

もしあなたが「投資でお金を稼ぎたい」というのであれば、次の「7つ」のポイントを理解しておきましょう。

①すぐに結果を求めない。
②十分に知識を増やす（投資のプロに負けないほど、勉強する）。
③特定の投資家やアナリスト、ブロガーを信奉しない（さまざまな情報やデータに基づいて総合的な判断をする）。自身でよく考え、自身の判断のもと、自己責任で投資する。
④「10％変動したら売却する」などのルールを決めて、守る。
⑤投資の目的をはっきりさせる（稼げるだけ稼ぐ、ではいつか大損する）。

⑥生活費には絶対に手をつけない。

⑦リスク分散を心がける（投資する対象や投資する時間も分散する）。

なかでも大事なのは②です。これを読んで「ムリだな」と思う人は投資でお金を稼ごうとするのはおすすめできません。

第3章

人生をより自由にしてくれるお金の使い方

「学び」は確実なリターンが期待できる投資である

私が主催するセミナーの受講者から、

「お金を循環させたいとき、最初に何をすればいいのですか？　何にお金を使うといいのですか？」

と質問をいただきました。

その時、私はこう答えました。

「学びにお金を使うことです」

学びには、「資格取得」「語学習得」「入学試験」などのほかに、

「人としての意識や、生きていく姿勢を高める」

「仕事に向かう意欲や、モチベーションを磨く」ための努力も含まれます。

私が「学びへの投資」をすすめる理由は、主に「3つ」あります。

【学びをすすめる3つの理由】

①学びへの投資は「損」をしない
②視野が広がる
③人間関係が広がる

①学びへの投資は「損」をしない

不動産、株、家、車といった資産は、相対的な価値が変動します。

2000年以降、株式市場では何年かに一度、「ショック」と名の付く下落が起きています。

リーマンショック、チャイナショック、コロナショックなどです。「ショック」によって世界経済が危機に陥ると、資産の価値は値崩れをして、大きな損失を抱えることになります。借金をして投資をした人の中には、「ショック」後に、自己破産や自殺に追い込まれた人もいます。

不動産や株式の投資は、不確実です。

「上がるか、下がるか」「勝つか、負けるか」を予想するのは難しい。時を得なければ大敗、大損を招きかねない。

それに対して『学び』は、リターンが確約されています。学びの成果は、確実に自分のものになり、下がったり減ったりすることはありません。

私の知る成功者の多くは、

「今、すべてを失っても、身ひとつでやり直す自信がある。5年くれたら、今以上の成果を出す自信がある」

と口を揃えます。

彼らの自信の源泉は、「学び」です。「やり直せる」と言い切れるのは、専門知識のみならず、ビジネス、成功哲学、自己啓発、科学、芸術、音楽……など、さまざまな自己投資をして、「自分」という資産を高め、磨き上げた結果です。

私自身、お金に糸目をつけず、学びへの投資を続けてきました。投資に見合う成果が出なかったことは一度もありません。

学びへの投資は、世界でもっとも確実な投資です。

②視野が広がる

私が「歯科」以外の勉強をはじめたのは、30代中盤のころです。

それまでの私は、「一流の歯科医師になるには、医師としての知識とスキルがあればいい」と考えていました。医学書以外の本（小説、自己啓発書、ビジネス書など）を開くことはなく、いわゆる「専門バカ」でした。

ですが、

「一般教養も知らない専門バカでは、一流になれない」

「人としての器を大きくしなければ、一流になれない」

「人としての魅力が備わっていなければ、一流になれない」

「行動力、分析力、解決力、論理的思考力、コミュニケーション力といった、ポータブルスキル（職種や業種を問わず必要とされる基本的なスキル）を身につけなければ、一流になれない」ことに気がつき、ヒューマンスキル（人間力）を高めるためにお金を使うようになったのです。

専門分野以外の学びをすると、視野が広がります。

視野が広がると、「今までの自分とは違った視点で、そして、他の人と違った視点で、物事を考えられるようになる」ため、自分に付加価値をつけることができます。

③人間関係が広がる

セミナーに参加すれば、業種、職種、性別、年齢を問わず、さまざまな人との交流が生まれます。講師や、セミナーを主催するスタッフと知り合うこともあります。

私も、学びに投資するようになってから人間関係が広がり、出版のチャンスをいただくなど、多くの収穫を得てきました。セミナー講師はもとより、セミナーの参加者とのコミュニケーションを通して、新しい知見を得ることも可能です。

学びへの投資がお金の好循環を生む

成果を出したいのなら……、お金を稼ぎたいのなら……、人生の自由を手に入れたいのなら……、「学び」に投資すべきです。

正しく前向きに学んでいれば、成果に結びつく。

成果が出るから収入も、社会的な存在感も上がる。

収入が上がるから、次の自己投資が可能になる。

次の自己投資が新たなリターンにつながり、そのリターンをさらに投資する……、という好循環が生まれます。

お金を出さなければ得られないものがある

「無料セミナー」と「有料セミナー」では、有料セミナーに参加したほうが「得られるものは大きい」と思います。

情報は、「お金を払って手に入れて、はじめて自己成長に活かされる」と私は考えています。

私はこれまで、「1億円以上」のお金を学びに投資しています。ためらうことなく、惜しみなく、自己投資できたのは、

「自分に投資したお金は、巡り巡って自分に還元される」

「投資したお金以上のリターンがある」

ことがわかっているからです。

どうして、「有料セミナー」のほうが得られるものは大きいのでしょうか。
理由は次の「3つ」です。

【有料セミナーのほうがリターンを多く得られる理由】

①学ぶ側のモチベーションが上がる
②自分よりも「レベルの高い人」たちとの接点ができる
③質の高い情報、技術、知識に触れることができる

①学ぶ側のモチベーションが上がる

無料セミナーの場合、参加者は経済的な損をしないで済むので、「ほかに優先する予定ができたら、セミナーをキャンセルしよう」「つまらなかったら早く退席しよう」「疲れたから、行くのをやめよう」と考えやすく、参加意欲が低くなります。

一方、有料の場合、
「お金を払っているのだから、ムダにならないように、必ず何かを得よう」

という意識が強くなります。

「何かを得たい」「ムダにしたくない」という意識があれば、吸収できるものが格段に多くなります。

②自分よりも「レベルの高い人」たちとの接点ができる

私は以前、「1回18万円」のセミナーを受講したことがあります。1年間全12回のコースで、参加費用はトータル「216万円」。高額ではあったものの、「ワンランク上の経営学を学びたい」という意欲と覚悟を持って、参加を決めたのです。

参加者は8名で、私は最年少。参加者の多くは、年商数百億～数千億円企業のトップ経営者です。北海道・帯広の一開業医である私とは、実力も、キャリアもまるで格が違いました。

無料セミナーは、どんな人に対しても開放されているため、参加者の中には、「意識が低い人」もいます。

ですが、216万円のセミナーに参加する人たちは、意識が高い。私は、セミナーの講師だけでなく、セミナーに参加する経営のプロたちからも、たくさんの学びと、たくさんの刺激と、「良いエネルギー」をいただきました。

思い切って背伸びをして高額セミナーに参加したことで、自分よりも高いレベルにいる人たちとの接点ができたのです。

人は、交わった人の影響を受けます。レベルの高い人と接し、学ぶことで自分もレベルアップできます。

③質の高い情報、技術、知識に触れることができる

無料だからといって、得られる情報の質が低いとはかぎりません。

しかし、主催する側は、「有料にする以上、金額に見合う（あるいは、金額以上の）ものを提供しよう」と考えるため、質の高い情報を得やすいはずです。

私がこれまで受けたもっとも高額の学びは、歯科医師向けのセミナーです。「3年間で1000万円以上」かかりました（1講義あたり30万円）。

「高額である」「先生の指導が厳しい」などの理由で離脱する受講生も多く、最

後まで履修したのは、私を含めて2人だけ。

その先生の卓越した技術を習得したおかげで、他の歯科医師との差別化を図ることができました。

高い技術が身につけば、高い医療を提供できます。さらに高い医療を提供することが医院経営の安定にもつながり、結果的には、セミナー代金以上の恩恵を受けています。

注いだエネルギーの分だけ、より大きな収穫が得られる

潜在意識の観点からも、「無料より有料のほうが学びの効果は大きい」ことがわかっています。

セミナーという場所では、情報エネルギーの交換が行われています。

エネルギーには、

「注いだエネルギーの分だけ、より大きな収穫が得られる」

「意識の高い人（良いエネルギーを持つ人）と時間を共有すると、自分も引き上

げられていく」

という法則があります。

したがって、お金と時間を注ぐほど、多くのリターン（＝質の高い情報、技術、知識）を手に入れることができるのです。

お金を払って「時間」を買う

お金を払うことは、

「時間を買うこと」

「自分以外の力を借りること」

でもあります。

ある場所に徒歩で行こうとすると、1時間かかるとします。タクシーに乗れば、10分以内で到着する。しかし、乗車料金を取られます。

仮に、乗車料金が2000円だったとき、「1時間も歩けないから、タクシーに乗るのはしかたがない」と納得する一方で、「10分で2000円は高いな」と思う人もいるでしょう。

私ならこう考えます。

「2000円払って、運転手さんの力を借りた」
「2000円払って、『50分』という時間を買った」

過ぎてしまった時間を取り戻すことも、時間を直接的に買うこともできません。ですが、お金を支払うことで間接的に時間を買ったり、時間の価値を高めることができます。

「お金がもったいない」という理由でなにもかも自分でやろうとすれば、お金はかからないかわりに、時間がかかります。

「お金がもったいない」という理由で、やりたくないこと、苦手なこと、手間のかかることまで自分でやろうとすれば、お金はかからないかわりに、ストレスがかかります。

時間は有限です。今こうしている間も、時間はどんどん過ぎていきます。私たちは、刻一刻と、人生の終焉《しゅうえん》に向かっています。だとすれば、その時間を濃密に使わなくては、人生の充足感は得られないと思うのです。

生きている時間をムダにしない。自分の価値（目的や使命）と関係のあることにすべての時間を使うためには、

「お金を使って、時間を買う」

「お金を使って、力を借りる」

という発想を持つべきです。

私が高額セミナーにも臆せずに参加したのは、「一流の講師の力を借りたほうが、最短距離、最短時間で知識を吸収できる」と考えたからです。

パワーカップルが「時短、外注」にお金を使う理由

2018年に三菱総合研究所が発表したレポートによると、「世帯年収1000万円以上のパワーカップル（夫の年収が600万円以上、妻が400万円以上で世帯年収が1000万円以上の夫婦）には、

「お金を払って時間を買う」

という発想が強くあることがわかっています。

「ロボット掃除機の購入比率が既婚者平均の2倍」

「カット野菜を気にせず買う比率が既婚者平均の1・6倍」

など、1000万円未満の世帯に比べると、時間の節約につながるサービスや商品にお金を払う傾向があります（参照：『THE SANKEI NEWS』／2018年11月15日公開 『日本経済新聞電子版』／2020年12月28日公開）。

パワーカップルが「時短、外注」にお金を使う一番の理由は、ワークライフバランスを考えているからです。

仕事の成果を上げる。オフの時間も楽しむ。

「多忙な毎日でやりたいこともできない」と嘆くくらいなら、「必要なこと、価値あること、有意義なこと」をするために「時間をお金で買う」ほうが、自分らしい生活が送れると思います。

「一流」と称されるモノやサービスに触れる意味

一流のホテルに泊まる、一流のレストランで食事をする、一流の芸術を鑑賞する、一流のファッションに身を包む……。

「一流」にお金を使うことは、単なる贅沢、娯楽、道楽ではありません。

たしかに、見栄を張ったり、「お金持ちアピール」をしたくてむやみにお金を払うのは浪費です。

ですが、「学び」や「気づき」を得ようとする姿勢を持って「一流」にお金を使えば、自分を成長させることができます。

「一流」の定義はあいまいです。だからこそ、自分で「一流と称されているモノやサービス」に触れてみて、

「なぜ、一流と呼ばれているのか」

「ほかとの違いはどこにあるのか」

「多くの人を魅了する秘密はどこにあるのか」

「自分にとっての『一流』とは、どういうものか」

を考えてみる。そうすることで、

「本物を見極める目（審美眼《しんびがん》）」

「美や善などを評価する感性」

を養うことができます。

「審美眼」と「感性」が養われると、ものの見方が変わります。どんな人にあっても、どんな情報を見聞きしても、「何が本物か」「何を信じるべきか」がわかるようになります。

一流を知るということは……

一流になりたければ、一流を知るのが近道です。

私のミッションは、「一流の歯科医師、一流の作家、一流のコンサルタント、一流のコーチ」になることです。

そのためには、「一流」の本質を知っておく必要があります。

「一流とは何なのか」を知るために、私はこれまで、一流との出会いにお金を費やしてきました。

その結果、「一流とは何か」を知ることができたのです。

私が考える一流の条件とは、

- **一時的な成功で終わらず、維持・継続するために成長し続けること**
- **圧倒的な価値を生み出し、提供し続けること**

です。「一流の条件」「一流の定義」が明確になったことで、自分の目指す方向性をはっきりとイメージできるようになりました。

「ほしい」という欲は、自分を高めるモチベーションになる

毎日、毎回、「一流」にお金を投じる必要はありません。安く買える方法があ

るのに、それを知らずに割高で払うのはもったいない。

ですが、安さだけを追い求めないこと。セール品、ディスカウント品といったものばかりに目が行く人は、「自分が本当にほしいもの」「自分にとって本当に価値のあるもの」を見失いやすくなります。


ときには少し背伸びをして、「一流」に触れてみる。

一流の世界を知ると、「欲」と「夢」が生まれます。

「高級ホテルのスイートルームに泊まれるようになりたい」「もう一度、このレストランで食事をしたい」「値段を気にせずにブランド品を買えるようになりたい」「あのホテルマンのように、スマートな接客ができる人になりたい」……。

「なりたい」「したい」「ほしい」という感情が湧き上がってきたとき、「贅沢してはいけない」「自分には似合わない」と、気持ちに蓋をしないでください。

「なりたい」「したい」「ほしい」という「欲」は、「そこに向かって頑張ろう」「一流が似合う自分になろう」というモチベーションにつながります。

「体験」にお金を使うと幸福度が長続きする

「学び」と同じように、「一度身につけたら、なくならない」ものがあります。

それは「体験（経験）」です。

モノやお金はなくなっても、体験したことは絶対になくならない。体験は、自分の中に残って、確実に積み上がる資産です。


モノにお金を使うよりも、体験のためにお金を使ったほうが「幸福度が高い」ことは研究でもわかっています。

ハーバード大学ビジネススクールの社会科学研究者、マイケル・ノートン教授の研究によれば、「モノを買った瞬間は幸福度が高くても、その後すぐに幸福感を感じなくなってしまう」ことがわかっているのです。

幸福度が下がるのは、慣れてしまうから。「持っていて当然」と思うようになるからです（参照：CNN.co.jp／2015年11月23日配信）。

「体験」はその場限りだけれど、「モノ」はいつまでも手元に残る。したがって、「モノを買ったほうが、幸福感は長続きする」と思いがちですが、実際には、その「逆」です。

体験は、時が経つほど、かけがえのない思い出として輝き、心に刻まれていきます。

金融資産ではなく、「体験資産」を貯める

コーネル大学の心理学教授トーマス・ギロビッチ博士も、「人の幸せはモノではなく体験から生じる」と結論づけています。

「気に入った商品を購入しても、それが日常生活の一部になるにつれて、満足度は自然に落ちていきます。しかし、旅行で得られた素晴らしい体験や思い出は、

長い間記憶に残り、その記憶は人を幸せにしてくれます」（参照：エキサイトニュース・大紀元時報日本／２０１９年4月23日配信）。

人生の豊かさとは、「いくらお金を持っているか」で決まるのではなく、「何をしてきたのか」「どんな体験をしてきたのか」で決まるのではないでしょうか。
お金の量より、体験の量です。

貯めるべきは、金融資産ではなく、「体験資産」です。

体験を通して感じたこと、学んだことこそ、その人を成長させる最良の資産になります。

健康こそ、これからの時代に必要な資産である

私が現在、もっとも心がけているのは、「健康(ボディ・コンディショニング)への投資」です。週2回、パーソナルトレーナーによるマンツーマンのトレーニングと週1回パーソナルでボクシングを行っています。フィジカルを鍛えることで健康を維持できるほか、相手に対して、信頼感や安心感を印象づけることもできます。

栄養学の知識も身につき、食事のクオリティも上がりました。

過度な食事制限はしていません。「食べたいものを食べる」のが基本です。

ですが、摂取カロリーと消費カロリーのバランスを考え、たくさん食事をしたあとは、食事の量、食べる時間、調理法などを見直して、軌道修正します。

「人生100年時代」と言われている今、「健康」でいることは、これからの人

生をより充実させるために必須です。

健康維持につながるお金は、立派な自己投資です。「自分は健康だから、健康維持にお金をかける必要はない」と考える人もいます。

ただ、ひとたび健康を失えば、治療にお金がかかる上に、休養の期間も必要です。休養中は、収入も不安定になります。健康寿命を延ばすことによって、医療費や介護費などの出費を抑えることができるのです。

「睡眠」「食事」「運動」にお金をかける

「寿命」には、健康寿命と平均寿命があります。健康寿命とは、日常生活に制限がない期間のことです。平均寿命と健康寿命との差は、「不健康な期間」を意味します。2019年3月に厚生労働省が公表した「健康寿命のあり方に関する有識者研究会報告書」によると、2016年時点の平均寿命は、「男性80・98年」「女性87・14年」でした。健康寿命は、「男性72・14年」「女性74・79年」。

平均寿命と健康寿命の差は、「男性8・84年」「女性12・35年」です。

平均寿命と健康寿命には、10年前後の「不健康な期間」があります。

「不健康な期間」は医療費がかさむ可能性が高くなるため、日頃から健康にお金をかけてこの期間を短くする必要があります。

「病気になってからの治療」にお金をかけるのではなく、「病気になる前の予防」にお金をかける。

睡眠の質を上げるために寝具にこだわる。

ジムやマッサージなどへ行き、定期的に体のメンテナンスをする。

お酒やジャンクフードを控えて、旬な食材を選ぶ。

定期的に健康診断を受診する……。

どれだけお金を持っていても、名誉と成功を手に入れても、健康でなければ人生は色褪せてしまいます。健康だから仕事ができて、仕事ができるからお金を稼ぎ、使い、回すことができるわけです。

健康こそ、これからの時代に必要な資産です。

「安い」という理由だけで住む場所を決めてはいけない

芸人の世界には、住居に関するジンクスがあるそうです。

「収入の3分の1の家賃の物件に住み、自分を鼓舞し続けると、活躍できる」

「収入に見合わない高い家賃のマンションにわざと住み、頑張って売れる」

ジンクスとは、経験に基づいて唱えられる教訓・習慣・法則です。科学的根拠を見出すことはできません。

ですが、私の専門である潜在意識から「住居のジンクス」をひも解いてみると、「場所が持つエネルギーが関係しているのでは」と推測できます。

人は、環境に影響を受けやすい生き物です。

人は、環境が変わると自分自身も変化します。周囲に合わせて順応するようになるからです。

成長しているエリア、教育レベルの高いエリア、美術館やコンサートホールなどの文化的施設が多いエリア、地域活性化を進めているエリア、スタートアップや起業家の創出に注力するエリアなどは、良いエネルギーを持っています。

良いエネルギーを持つ場所に身を置くと、自分自身もそのエネルギーに共鳴していきます。

その場に調和するように過ごすことで、「良いエネルギー」が自分の潜在意識に刷り込まれ、その結果、自分も良いエネルギーを発するようになります。

収入に見合わない住居に住んだ芸人が、その後「売れる」ようになったとしたら、それは、「収入に見合うよう努力した結果」であると同時に、「場所が持つエネルギーに引き上げられた」とも解釈できます。

場所（街、住居）のエネルギーと自分のエネルギーが調和して、その環境にふさわしい人間へと変わったわけです。

住環境は、ライフスタイルに大きな影響を与える

私は、毎週木曜日の最終便で上京し、金曜日から月曜日の朝（午前中）までは東京で仕事をしています（月曜日の午後から木曜日の夜までは、いのうえ歯科医院にて診察、手術）。

私の生活拠点は、北海道・帯広です。テレワークが進んだおかげで、帯広にいても、東京とつながることはできます。

それでも私が、毎週上京しているのは、「東京」のエネルギーをじかに浴びていたいからです。

情報を集めるだけなら、帯広にいても可能です。ですが、インターネットを介して触れる情報と「リアル」では、受け取る側の情報量が違います。

帯広には、雄大で、清々しく、澄み切った自然のエネルギーがあります。

ただし、地方にいると、「最先端のエネルギー」や「変化のスピード」は感じ

にくい——。出版、講演など、クリエイティブなコンテンツを発信するには、常に自分をアップデートさせておく必要があります。

そのために私は、東京と帯広のダブルスタンスで仕事をしています（両方の場所のエネルギーを浴びています）。

住環境は、自分自身の行動やライフスタイルに大きな影響を与えています。「ビジネスで成果を上げたい」「プライベートを充実させたい」「生活に潤いを持って、毎日を丁寧に暮らしたい」といった願望があるのなら、「安いから」という理由だけで住まいを決めないほうがいいと思います。

大切な人との縁をつなげるため、贈り物にお金を使う

人間は社会的な動物です。

個人として存在していてもひとりで生きていくことはできず、他者との関係性の中で生活しています。


運も、仕事も、お金も、人が運んでくるものです。

ですから、

「人とつながるためにお金を使う」

「人との縁を切らないためにお金を使う」

「人間関係を広げる、人間関係を深めるためにお金を使う」

ことも必要です。

大切な人との縁をつなげるためには、「最低でも年に1回、贈り物（プレゼント）をする」といいでしょう。

お中元、お歳暮、誕生日プレゼント、旅先のお土産、挨拶訪問時の手土産など、日ごろのお礼や感謝の気持ちを込めて、贈り物をします。

拙著『本物の気づかい』（ディスカヴァー・トゥエンティワン）でも述べたように、近年、「虚礼廃止《きょれいはいし》」をする企業が増えています。

虚礼とは、うわべばかりの礼儀のこと。虚礼廃止は、主にビジネスシーンで使われる言葉で、「形式的な儀礼や習慣を廃止する」「うわべだけのやりとりをやめる」ことです。

虚礼廃止をすれば、「経費削減、業務効率化、ハラスメント防止になる」といったメリットが期待できます。

「虚礼」にあたるものとして、「年賀状」「お中元、お歳暮」「葬儀、通夜の参列」「バレンタイン」「飲み会への参加」などが挙げられています。

「形だけのやりとりは不要」とする企業の姿勢は、私も理解できます。義務感に縛られてする贈り物に大きな価値はありません。

ですが、虚礼廃止はあくまで「形だけで心のこもっていない、意味のない」儀礼をやめることです。「虚礼廃止」でやめたいのは、お互いの「関係」ではなく「形だけの贈り物」です。

お中元やお歳暮は、本来、「お世話になった人に日頃の感謝を込めて贈るご挨拶」です。

本当に贈りたいのは、「品物」以上に、相手に対する「感謝の気持ち」です。

それらを一概に「虚礼」と決めつけることに、私は違和感を覚えています。心のこもっている贈り物なら、「贈ったほうがいい」と思うのです。

贈り物は感謝のやりとり

私の周囲にかぎって言えば、「仕事ができる人」「周囲の信頼を得ている人」「人づきあいが上手な人」の多くが、感謝の気持ちを形にしています。

「年に一度、3000円程度」のもので十分です。

感謝の気持ちを込めて、贈り物をする。

贈られたほうも、感謝の気持ちを持って受け取る。

贈り物は、感謝のやりとりです。お互いの存在を思い出し、気持ちを寄せることです。

こうした感謝のやりとりこそ、お金の正しい使い方だと思います。

贈り物を選んでいる時間は、「相手のことを考える時間」です。この時間こそ、最高の贈り物です。

見た目にお金を使うことは、相手を気づかうこと

私は歯科医師として、セミナー講師として、コンサルタントとして、

「自分はどう見られたいのか」

「自分の『価値』をどう見せていくのか」

「どのような印象を与えたいのか」

を常に意識し、「見た目」からメッセージを伝える努力をしています。

自分をメディア化し、自らの力でプロモーションをするためにも、見た目（人に与える印象）を整えることは、とても重要です。


「外観というものは、一番ひどい偽りであるかもしれない」

これは、ウィリアム・シェイクスピアの喜劇『ヴェニスの商人』の一節です。

外観は、見方を変えれば、偽りだらけです。

しかし人間は、外観で第一印象を決めてしまう事実があるのもたしかです。

「人間は、外見と内面のどちらが大事ですか?」

と質問されたなら、私は、こう答えます。

「両方とも大事です」


第一印象は、相手と良い関係を築けるかどうかの鍵を握っています。私たちは視覚情報を基準に、さまざまなことを判断するからです。

ある総合転職エージェントのアンケート調査によると、採用担当者に「正直、採用の合否に〝見た目〟は関係ある?」との質問をしたところ、78・4%が「正直採用に『見た目』は関係ある」と答えました(参照:ワークポート「採用担当者のホンネ調査~転職活動の常識・非常識~」)。

見た目とは、「容姿容貌」のことではなく、「身だしなみ」や「清潔感」のことです。見た目を大事にしている人は、第一印象で選ばれます。

反対に、見た目に無頓着な人は、どれほど内面が優れていても、第一印象で落とされてしまいます。

労働経済学者のダニエル・S・ハマーメッシュ教授の研究によれば、ビジュアルによる男性の生涯年収の差は、2700万円にものぼるそうです（参照：『収入2700万円の差がつく身だしなみ』山川アンク・著／辰巳出版）。

見た目の良さを成立させる3要素

見た目の良さを成立させる要素は、次の「3つ」です。

「笑顔」「清潔さ」「元気さ」です。

①笑顔

「自然でさりげなく笑顔」「親しみを感じさせる笑顔」の持ち主は、第一印象で「この人は、楽しそう」と思われます。

②清潔さ

身につけているものも含めて、キレイサッパリしている人は、第一印象で「この人は信頼できそう」と思われます。

③元気さ

前向きでアクティブな人は、第一印象で「この人といると、おもしろいことが起こるかも」と思われます。

「笑顔」「清潔さ」「元気さ」は才能ではなく、お金をかけて身につけていくものです。

ありがたいことに、「井上先生の笑顔は素晴らしいですね」とお褒めの言葉をいただくことがあります。

私の笑顔は、素質でも、資質でも、才能でも、天性でもありません。

「お金をかけて勉強し、努力で身につけた笑顔」

です。

表情に関する専門的なトレーニングを受け、

「笑顔にも種類があること」

「笑顔をコントロールするには、『瞳』をコントロールすること」

「首の位置や姿勢によって、相手に与える印象が変わること」

などを学びました。

最高の人格者とはいつも笑顔でいる人。私はそう思っています。


世界のトップ経営者たちは、表情、立ち居振る舞いなどの自己表現、とりわけ笑顔を専門のコーチについて学んでいます。

見た目を整えることは、人間関係を築くスタートラインに立つことです。

見た目にお金を使うことは、他人を気づかうことです。

相手に不快感や不信感を与えないためにも、そして理想の自分を演出するためにも、見た目にお金を使いましょう。

第4章

「お金に困らない人」の考え方

「給料が上がらない」と嘆く人ほど「どうすれば上がるか」を知らない

先日、ある男性（Aさん）から、次のような質問をいただきました。

Aさん：「会社の給料が安くて困っています。高い給料をもらうには、どうしたらいいでしょうか？　あまり給料が上がらないようなら、転職も考えているのですが……」

井　上：「Aさんの会社には、人事評価制度や賃金テーブルはありますか？」

Aさん：「あると思います」

井　上：「あるのなら、給料や賞与がどのようなステップで上がるのか、きちんとしたルールが決められている、ということですよね」

Aさん：「そう……ですね」

井　上：「ルールがわかれば、どう働けば給料が上がるのか、そのヒントが見えてくるのではありませんか？　ルールを知らずして給料アップを望むのは難しいと思います」

成果を上げているのに評価が低い、ルールを守っているのに給料が上がらないのであれば、転職も視野に入ります。自分の能力を正当に、公平に評価してくれる会社に移ったほうがいい。

ですが、会社が人事評価制度を正しく運用しているにもかかわらず、「その内容を理解していない」＝「どうすれば給与、賞与が上がるのかを理解していない」としたら、Aさんにも非があります。

「給料が上がっていない」のは、「満足できるほどアップしていない」だけであって、会社の規定どおりの昇給額かもしれません。あるいは、Aさんの努力の方向性が間違っている可能性があります。

「給料が安い」と嘆きながら、「人事評価制度を理解していない」「給与明細を見ていない」のでは、「理想とする給料」（自分が手にしたい給料）を受け取るのは難しいのではないでしょうか。

不満を口にする前に、会社のルールを知るのが第一

「うちみたいな中小会社には、評価基準なんかないよ。社長が鉛筆なめなめして決めているだけだから」

たしかに中小企業の中には、人事評価基準や賃金テーブルがない会社もあります。ですが、明文化されていないだけで、社長の頭の中にはあるはずです。

私なら、社長、あるいは上司に、こう聞きます。

「社長は、どういう社員を求めていますか？」

「社長は、どういう社員を評価しますか？」

そして、社長の期待に応える働き方をするでしょう。

自分の理想とする給料を受け取るには、どんなスキルを身につけ、どんな成績を残せばいいのか。その条件を確認し、そこから逆算して仕事に取り組めば、給料に反映されるはずです。

社長の期待に応えているのに給料に反映されないのであれば、そのときにはじめて「転職」を考えます。

「少しでも高い評価を得たい」のであれば、仕事で得られるお金に大きな関心を持つべきです。

「給料が上がらない」という不満があるのなら、会社のルールを知るのが第一です。ルールを知った上で、今の会社で頑張るのか、別のキャリアを考えるのか判断すればいいのです。

お金は、仕事の対価です。良い仕事をして、会社やお客様から評価されれば、それだけの給料を手にすることができます。

「金運アップのおまじない」で本当にお金は増えるのか?

金運アップにまつわるジンクス、おまじない、言い伝えは、古今東西に多数あります。

「お金を支払うときは『行ってらっしゃい』と心でつぶやくようにする」
「お札を財布に入れるときは、前後上下の向きを揃えて、頭を下にして入れる」
「財布にレシートや小銭を溜め込まない」
「二つ折りの財布より、長財布のほうがお金は貯まる」
「財布は春に買い替えると、『張る財布』で縁起がいい」
「小銭を支払う際は片手を添える」
「満月や新月の日に、月に向かって財布を振るとお金が貯まる」

「トイレ掃除をするとお金に困らない」……。

「井上先生も、お財布や金運アップのジンクスをお持ちですか？」

と聞かれたことがありました。

私自身は、とくにありません。長財布を使っていますし、お札の向きも揃えていますし、レシートや小銭を溜め込むこともありませんが、それは「ジンクスを信じて」というより、見た目や使い勝手を考えてのことです。

一番頼りにしなければいけない相手は「自分自身」

「お金のジンクスやおまじないを大切にする」のは、「お金を大切にする」「お金に関心を持つ」という姿勢のあらわれでもあります。ですので、適度にジンクスを楽しむことは、良いことだと思います。

ジンクスやおまじないは、人の心に安心感を与えます。気持ちをポジティブにしてくれます。

「信じるものは救われる」は、心理学でも証明されています。

「自分は大丈夫」「自分はできる」という成功イメージを持つことで、不安に対処できるのです。

ですが一方で、ジンクスやおまじないを盲信するのは危険です。あまりにもそれにすがりすぎると、心のバランスを失ってしまいます。

「成功したい」からといって、ジンクス、おまじない、言い伝えといった「目に見えない世界」だけに頼るのは、不健全です。

なぜなら、私たちは、「目に見える世界」＝「現実の世界」に生きているからです。

私の周囲にいる「お金に困らない人」たちは、きわめて現実的です。

彼らがお金に困らないのは、自分の頭と体を使って、行動した結果です。

「お金に恵まれますように」と神様に祈るだけでは、問題は解決しません。目に見えないものにすがるだけでは、大望《たいもう》はかないません。

最初に信じるべき相手は、ツキでも、神様でもなく、「自分自身」です。
一番頼りにしなければいけない相手は、「自分自身」です。
どんな願いであれ、それを現実のものにできるのは、「自分自身」です。

自分の力を信じて、行動する。
それが「金運アップ」につながる最良の方法だと思います。

ビジネスを多様化させ、お金の入り口を増やす

私の本業は歯科医師です。

本業のかたわらで、本の執筆、数々の講演会、コーチング、コンサルティングなどを行っています。

職種、業種こそ違いますが、そのすべてが、

「多くの人が最高の人生を送れる手助けをする」

という目的につながっています。

また、本業以外の仕事に携わることは、「より多くの人に貢献できる」「患者様以外の役に立つ」と同時に、お金の入り口を増やす（お金の使い道を増やす）ことにもつながっています。

私にとって、本業以外の仕事を持つメリットは、3つあります。

【本業以外の仕事（副業）を持つ3つのメリット】

・多くの人に貢献できる

たとえば出版は、国内外を問わず、多くの人に情報を届けることが可能です。本という資産は、私が死んだあとも残り続け、後世にも影響を及ぼすことができます。

・お金の入り口が増える

ビジネスが増えれば、それだけお金の入り口が増えます。お金が増えれば、これまで以上に自己成長と社会貢献にお金を使うことができます。

収入源を増やすことで、経済的、社会的なリスクを減らすことも可能です。

・本業の価値が増す

出版や講演活動で得た成果は、「いのうえ歯科医院」への信頼として還元されています。

私は、すべての物事を「歯科医師」という軸とリンクさせて考えています。

私にとって歯科、出版、講演、コーチング、コンサルティングは「別々のもの」ではなく、すべて本業と結びついているため、相乗効果が図れます。

本業と副業を独立して見るのではなく、関連づけて見るようにすると、思考の幅、行動の幅を広げることができます。

二兎を追う者は、二兎を得る

「二兎《と》を追う者は一兎をも得ず」（2つの物事を欲張ると、どちらも失敗したり、中途半端に終わったりする）のことわざもあるように、多くの人は、チャレンジする選択肢が2つある場合、どちらか一方に絞ります。

ですが、本当にやりたいのであれば、両方にチャレンジすべきです。

誰か（勤務先）に迷惑をかけたり、自分に無理を強いることがなければ、二兎でも、三兎でも、四兎でも、チャレンジすべきです。

人間の可能性は、ひとつのことしかできないほど小さいものではありません。私がそうであるように、両立できます。「二兎を追う者は、二兎を得る」ことも可能です。

ビジネスパーソンでも、副業が認められる時代になりました。本業と、それ以外の「自分のやりたいこと」(＝副業)を同時にできる世の中になってきています。

やりたいことを同時追求する人は、自分のポテンシャルを信じている人です。

副業を成功させる3つのポイント

副業を成功させるポイントは、次の「3つ」です。

①時間を上手に管理する

副業をはじめる場合、「時間をどのように配分するのか」が課題です。

「優先順位を決める」「やらないことを決める」「スキマ時間を効率的に活用する」など試行錯誤をしながら、本業と副業のベストバランスを見つけましょう。

副業と本業を同時進行させられるようになったとき、自分自身の能力は確実にアップしています。

②好きなことを仕事にする

やりたくないことは副業にしない。好きなことを副業にする。

本業が終わったあとやオフを使って仕事をするのですから、「楽しいこと」「好きなこと」「ワクワクすること」でないと続きません。

③「お金のため」だと割り切らない

「収入を増やすため」という目的だけだと、短期的、一時的な利益につながることはあっても長期的、安定的な利益にはつながりにくいと思います。

独立行政法人労働政策研究・研修機構が2018年に発表した、『多様な働き方の進展と人材マネジメントの在り方に関する調査』では、副業・兼業を望む理

由として（複数回答）、

「自分が活躍できる場を広げたいから」

「さまざまな分野における人脈を構築したいから」

「組織外の知識や技術を積極的に取り込むため」

など、収入増加を目的としない回答を選択した人が各30％以上いました。

自分がその仕事をする「収入以外の目的」を明確にしておくと、将来に向けたキャリアアップにも役立ちます。

「とりあえず、今さえよければ」という考えは捨てる

人間には、

「未来の利益よりも、目先の利益を追求する傾向」

があります。


将来の長期的な利益と、現在の短期的な利益をはかりにかけたとき、「将来の利益を軽く、現在の利益を重く」感じます。

こうした心理的傾向を「現在バイアス」といいます。


「ダイエットをしようと思っているけれど、つい、目の前のケーキを食べてしまった」

「週に3日は休肝日をつくろうと思っているけれど、つい、飲んでしまった」
「勉強をしなくちゃいけないのはわかっているけれど、つい、ゲームをしてしまった」
「今月から貯蓄をしようと思っていた矢先に、つい、新しい洋服を買ってしまった」

こうした「つい……してしまう」「我慢できない」という行動も、現在バイアスで説明できます。「つい……してしまう」のは、将来の利益よりも、目の前の利益に価値を置いているからです。

現在バイアスは、お金の使い方にも影響します。
現状バイアスが強い人は、

・長期スパンで家計が見通せない
・将来のリスクに備えることができない
・浪費、散財の割合が多くなる

などの理由で、常にお金の不安を抱えることになります。

現状バイアスが強すぎると、「目先」のことにとらわれてしまい、お金を正しく回すことができません。

・目先の「お金」がほしい

目先のお金を得るため、時間を切り売りする。目先の条件にとらわれ、深い考えもないまま仕事に就き、継続できずにあきらめてしまう。目先のお金につられて選んだ仕事は、自己成長や社会貢献につながりにくい。

「今すぐ受け取れるなら1万円」と、「1年後に受け取るなら2万円」という選択があった場合、「今すぐ受け取れる1万円」を選んでしまう。

・目先の「満足」がほしい

将来への投資よりも、「今の楽しみ」にお金を使ってしまう。

今、自分が使おうとしているお金（使ったお金）が「未来にどのような影響を与えるのか」を考えない。「ほしい」「したい」という衝動を優先して、必要のないものやサービスにお金を使い過ぎる。

大局観が備わると、「目先」に振り回されなくなる

目先の収入、目先の支出に振り回されないためには、「大局観《たいきょくかん》」を持つ必要があります。

大局観とは、「物事の全体」に対する見方のことです。

大局観は、2つの軸で構成されています。縦軸が長期的視野。横軸が軌道修正力です。

大局観が備わると、短期的な利益を追求することがなくなります。

・長期的視野

物事を長期スパンで見ていくこと。この軸を持つと、短期的なソントクを気にしなくなります。

・軌道修正力

何か起きたときの素早い対応力。想定していなかったトラブルやハプニングが起こったときに、速やかに修正する（散財をしたらその原因をつきとめ、見直す、行動をあらためる）。

先行きについて考えず、目先のことばかり気にして、「今が良ければ満足」「先のことはあと回し」という考え方に終始していると、お金を循環させることはできません。

目先だけにとらわれない。お金を稼ぐときも、使うときも、貯めるときも、長期的な視点で計画を立てるのが基本です。

安い仕事ばかり受けていると、自分の価値を下げてしまう

先日、ある方（Bさん）から、次のような相談を受けました。

「ある企業の講演会に招かれて、登壇することになりました。先方から『登壇料の見積りをいただきたい』と言われたのですが、見積額を決めかねています。人前で話した経験がないので、相場がわからないんです。井上先生、いくらくらいにすればいいと思いますか？」

私が具体的な金額をお伝えすると、Bさんが、

「え！　そんなに高くしても、大丈夫なんですか？」

と驚いた表情を見せたので、私はこう続けました。

「講演料は、Bさんの仕事に対する正当な評価ですから、低くする必要はないと思います。『交渉するのは面倒だ』『高い金額を請求すると、相手を不快にさせるのでは』といった理由で低く見積らないほうがいいでしょうね。見積金額を下げることは、『自分で自分の価値を下げること』『自分には低い価値しかないと認めること』と同じです」

仕事の値段（ギャランティ）を決めることは、

「自分自身の価値を決めること」

です。安い仕事ばかり受けていると、自分の価値を下げてしまいます。

ひとたび「あの人は、安くても引き受けてくれる」というレッテルを貼られると、「それが当たり前」になってしまいます。

「次の仕事も、安い金額でやらざるを得ない」

「金額を上げるのが難しい」（上げてもらいにくい）

「他の会社を紹介されたときも、安い金額で受けることになる」

そのため、自分の仕事に見合ったギャランティを得ることができません。安いギャランティで受ければ受けるほど、収入の見込みは下がります。

高い金額を請求することは、仕事の質を上げることにもつながります。

金額を高く設定した場合、
「それにふさわしい成果を出さなければならない」
「先方に納得、満足してもらわなければならない」
と考え、仕事の質が上がります。

一方、価格を低く設定するのは、自信のなさ、覚悟のなさのあらわれです。
「金額を高く請求した場合、その金額に見合った仕事をしないと、相手に文句を言われるかもしれない。でも安くしておけば、少しくらいレベルの低い仕事をしても許してもらえるだろう」

こうした甘さ、覚悟のなさが仕事の質を下げるのです。

覚悟と責任を持って「相手の期待に応える」ためにも、適正なギャランティを受け取るべきです。

¥「やりたい」という気持ちが勝れば、安くても受ける

ただし、ギャランティは低くても、次の条件に当てはまるのであれば、「金額を下げて受ける」ことも一案です。

・仕事の内容に興味がある
・自分がやってみたかった仕事である
・それをすることで、自分の実績につながる
・それをすることで、自分の成長につながる
・それをすることで、多くの人に貢献できる

私自身も、「ワクワクする仕事」に関しては、条件にこだわらず引き受けてい

ます。

全力で、楽しんで仕事に取り組むことで、貢献欲求、知的欲求、成長欲求が満たされるからです。

「転職者が希望年収を聞かれたとき」「フリーランスがギャランティの交渉をするとき」「取引先から見積書の提出を求められたとき」「新規事業をはじめたとき」などは、安売りしすぎないこと。

適性金額を下回る報酬を提示された場合は、相場価格を示して交渉を行うか、自分が希望する価格を提示して「可能かどうか」を検討してもらいましょう。

結果を出す人の5つの共通点①

「0か100か」で考える

「仕事で圧倒的な結果を出している人」（＝安定的な収入を得て、経済的に自立している人）には、習慣や考え方にたくさんの共通点があります。

その共通点を知り、取り入れることが、お金に恵まれる一番の近道です。

私が見てきた「結果を出す人」の共通点は、次の「5つ」です。

【結果を出す人の5つの共通点】

①「0か100か」で考える
②人のせい、環境のせいにしない
③失敗やピンチも「チャンス」と考える
④泥くさく、誰よりも努力を続ける

⑤どこまでも「高い目標」を持つ

共通点①「0か100か」で考える

私も物事を「0か100か」で判断しています。

こう言うと、

「0か100か、白か黒かで物事を考える人は、思考が単調になる」

「人生には、0と100の間に、1から99までのグラデーションがある。0か100かで割り切れるものではない」

「完璧主義は、自分にも他人にも厳しくなる」

と批判的な意見をいただくことがあります。

私は、「完璧主義」を肯定しているわけではありません。私が考える「0か100か」は、

「どちらかに振り切った行動をする（考え方をする）」

という意味です。

結果を出したいのであれば、

『やる』と決めたことは、手を抜かない」

「自分にとって価値のないことは、やらない」

「自分にとって価値のあることは、全力で取り組む」

「中途半端に終わってしまったり、納得がいかなかったものを放置しない」

ことが大切です。


私は、お金も時間も、「本当に大切なこと」「本当に価値のあること」に集中すべきだと考えています。

「今、自分がすべきことは何か」を考える。「すべきこと」が明確になったら、全力を尽くす。今できることをトコトンやる。余計なことは考えない。やり残しをつくらない。

プロ野球では、「打率3割」をクリアすると、一流バッターと評価されます。

一流バッターは、「10回に3回しか成功しない」ことがわかっていても、打席に立てば、常に自分の力を100%発揮しています。

打率10割を目指し、全力を出した結果として「3回の成功」を得られたのであって、全力を出さなければ、3回の成功さえ得られません。

結果は、努力や行動の対価です。

いい結果が出たのは、その人が全力を尽くしたからです。持っている力の半分しか出さなければ、半分の結果しか手に入らないのです。

やるなら、やる。

やらないなら、やらない。

結果を出したいのなら、中途半端をやめて振り切る。自分の力をすべて出すことだけを考えて行動すれば、結果はおのずとついてきます。

結果を出す人の5つの共通点②

人のせい、環境のせいにしない

本来、人生のあらゆる結果は、すべて自分の責任です。何が起こっても、環境や他人のせいではなく、「そうする」と決めた自分の責任です。

何かがうまくいかなかったとき、

「失敗したのは、自分のせいではなく、○○のせいだ」

と、誰か／何かに責任を押し付ける人がいます。

誰か／何かに押し付けておけば、自己評価を下げずに済みます。自己保身にもなる。

ですが一方で、誰か／何かのせいにばかりしていると、次の「2つ」を失いかねません。それは「成長機会」と「信頼」です。

●誰か／何かに押し付けると、「成長機会」を失う

失敗の原因を「外」に求めると、自分の選択、判断、行動の結果を検証する機会を失います。それは、成長機会を失うことと同じです。

結果を出し続ける人は、問題の原因を「自分自身」（自分の行動や思考）にあると考えます。

そして、

「このやり方はうまくいかないことがわかった。別のやり方を試そう」

「このやり方が失敗した原因を分析しよう」

と、PDCAサイクルを回す。だから同じ失敗を繰り返しません。

結果の原因が「誰か／何か」にあると捉えるか、それとも「自分」にあると捉えるかによって、成長速度は大きく変わります。

「自分にある」と捉える人は、改善のアクションを図るため、成長サイクルを早く回すことができます。

●誰か／何かに押し付けると、「信頼」を失う

誰か／何かのせいにしておけば、ミスに対する一時的な損失を避けることができます。

ですがそれが発覚したとき、周囲の反感を買います。

仮に、ミスの原因が「自分」にはなかったとしても、「自分にできることは本当になかったのか」を問い直せる人に、信頼は集まります。

周囲の信頼を得られるのは、「失敗しない人」ではなく、「失敗を人のせいにしない人」です。

自分自身を冤罪化《えんざいか》しないこと。

自分以外の何かに責任を転嫁すると、一時的に気持ちがラクになります。その間だけは、不平不満が解消されます。憂《う》さ晴らしにもなる。

ですが、それでは問題は解決しません。うまくいかなかった原因の多くは、「外」ではなく、自分自身にあるからです。

そこに手をつけないかぎり、成長は望めない。私はそう思います。

結果を出す人の5つの共通点③
失敗やピンチも「チャンス」と考える

成功と失敗、どちらが多いかと言えば、失敗です。

では、成功と失敗、どちらが先に存在するのかと言えば、こちらも失敗です。

成功は、常に、失敗の先に存在します。

失敗は成功の母です。

しかし、「失敗の数が多いほど成功しやすい」「失敗すればするほど成長する」とはかぎらない。失敗と成功に因果関係はありません。

ただ失敗するだけでは、成功をつかむことはできません。失敗の数が積み重なるだけです。

失敗の先に成功をつかみ取るには、「自分がした失敗の原因を分析し、次に向けた改善を行う」こと。「失敗→改善」のサイクルを愚直に繰り返した人だけが、成功を手にできるのです。

よく言われる「ピンチはチャンス」という言葉も、「ピンチを切り抜けると、次にチャンスが待っている」という単純な意味ではありません。

ピンチに陥りながらも、先々の手を打っている人だけが、チャンスを「呼び込む」ことができます。

チャンスは、待つものではなく、呼び込むものなのです。

結果を出したいのなら、リスクを恐れず「やる」しかない

多くの人は、「負けたくない、失敗したくない、恥をかきたくない」とリスクに怯え、一歩を踏み出そうとしません。良くない結果が出ることを恐れすぎています。

ですが、やる前から「結果」がわかっていること、やる前から「成功」が約束

されていることなどひとつもありません。

「勝つか、負けるか」「結果が出るか、出ないか」「成功するか、しないか」はやってみないとわからないのです。

結果を出したいのなら、「やる」しかない。実際に行動しなかったら、前に進むことなく、ずっと同じ場所にとどまるだけです。

行動した結果、仮に失敗したのなら、それを学びに変えればいい。

ピンチに陥っても、失敗をしても、そこで何かを学び、新たな一歩を踏み出せばいいのです。

結果を出す人の5つの共通点④

泥くさく、誰よりも努力を続ける

その業界のトッププランナー（第一線で活躍している人）にお会いすると、いつも、こう思います。

トッププランナーになれるのは、

「誰よりも努力を積み重ねた人である」

「スマートに仕事をしているようで、じつは泥くさい努力を厭《いと》わない人である」

「『気合と根性』を持つ人である」

以前、外資系生命保険会社で「日本一」を達成した営業パーソンに、聞いてみたことがあります。

「Aさんは、トニー・ゴードンのセールスプログラムを学ばれたのですか？」

トニー・ゴードンは、「保険の神様」と称される営業パーソンです。「1週間に13件の新規見込客のアポイントを入れる」ことを20年以上も実践し、無名の営業パーソンから、保険業界では知らない人がいないほどの名声を得た人物です。

Aさんは、こう答えました。

「私は凡人だから、トニー・ゴードンと同じことをしたって、結果は出せません。トニー・ゴードン以上のことをやらないと」

Aさんが「日本一」に輝いたのは、「トニー・ゴードン以上の努力」を自分に課して、愚直に、粘り強く、努力を続けたからです。

美容皮膚科医のBさんは、アンチエイジング分野の第一人者です。美容皮膚科という華やかな世界にいながら、彼女もまた、泥くさい努力のできる人です。

大学卒業後、皮膚科医としての経験を積んだあと、世界の美容医療を学ぶために渡米。帰国後には化粧品の開発に関与しています。自ら化粧品を売り歩くこともあったそうです。

現在は年間7000症例以上の診療を行いながら、年間100本におよぶ学会、講演・セミナーに登壇。論文などの執筆活動、世界中のドクターへの技術指導、医療スタッフへの啓発活動も行っています。

圧倒的な仕事量。それでも常に全力。時間の密度を高くして、量と質、両方を追い求めています。

カリスマ美容師として知られるCさんは、「練習の人」です。

私が彼に「最初から上手にカットできたのですか?」と尋ねると、「いや、まったく。僕は不器用なので」との返事。

「では、Cさん以上にカットの練習をした人はいますか?」と続けると、「いないと思います」と答えました。

Cさんは若手時代に、毎朝5時、6時にサロンに行って、「がむしゃらに練習をした」そうです。

現在、数多くのタレント・モデルから信頼されるに至ったのは、誰よりも練習をして技術を磨いたからです。

トップランナーになりたければ、自分自身のすべてを投じる必要があります。今のあなたと同じくらいの努力は、誰もがしています。今のままでは、その他大勢に埋もれてしまうことでしょう。

今まで以上の結果を出したいのなら（経済的にも恵まれたいのなら）、人一倍努力をするしかありません。

最終的には「気持ちの強さ」がものをいう

ではどうすれば、努力を継続できるか。それには、

「気合を入れる」

「根性を出す」

しかありません。

「根性」と聞くと、眉をひそめる人がいることは承知しています。

「やれ気合、やれ根性といった精神論は、時代遅れだ」という意見があるのも知っています。

たしかに、気合と根性だけでは結果を出すことはできません。理論や知識も、合理的なプロセスも必要です。ただやみくもに頑張ったところで、徒労に終わるだけです。

ですが、「あとちょっと、もう一歩」の努力をするか、しないかを決めるのは、最終的には、「気持ちの強さ」ではないでしょうか。

気合とは、あきらめないこと。
根性とは、自分自身の限界を超えること。

「このくらいでいいや」「これで十分だ」「これだけやれば大丈夫だ」と自分を甘やかしていると、今の結果を超えることはできません。
粘り強くやり切るために必要なのは、気合と根性なのです。

結果を出す人の5つの共通点⑤
どこまでも「高い目標」を持つ

先般、あるビジネスパーソンと会食をしたときのことです。レストランはビルの高層階にあって、東京を見渡すロケーションでした。眼下に東京を眺めながら、その方は、こうつぶやきました。

「これほどたくさんビルが建ち並んでいるのに、どれひとつ私のビルではないんですよね。ここから見えるすべてのビルが私のものであってもいいのに」

この言葉を聞いたとき、私は、

「一流の人は、見ている世界が違う。捉え方が違う」

「一流の人は、桁外れに貪欲である」

と、その発想の大きさ、目標の高さに驚かされました。

この方は、ビルがほしかったわけではありません。ビルは、「たとえ」にすぎない。「どれひとつ私のビルではない」の真意は、「ビルひとつ持てないほど、まだ自分の実力は足りない」「自分が仕事をしている分野でも、まだ一番になれていない」「もっと上の世界を目指さなければいけない」という、自分への戒めと覚悟です。

高い目標が集中力を高め、ミスを減らす

私も、目標を高く持っています。

私が「出版」に意欲的なのは、大真面目《おおまじめ》に「日本を変える力を持ちたい」と考えているからです。

以前、安倍晋三前首相の総理大臣就任会見を見たとき、私の心は大きく動かされました。

「出版」の持つ究極的な魅力に気づくことができたからです。

「私も総理大臣のように、人生をかけて国民を守る仕事をしてみたい。日本中に私の価値観を伝えたい。では、政治家ではない自分にできることは何か。それは『本』を出し続けることだ。歯科医の影響力には限界がある。けれど『本』であれば、影響力を広く行使できる」

私は毎週、帯広から上京しています。羽田空港に到着するのは、木曜日の夜です。着陸前、上空から東京都心の夜景に目をやり、私はいつも、こんなことを考えています。

「東京には約1400万人もの人がいる。けれど、すべての人が私の本を購入したわけではない。私のことを知らない人は大勢いる。東京さえ自由にできないのに、日本を動かせるわけがない」

そして、

「さぁ、もっと頑張ろう」

「さぁ、今回もやり切ろう」

という決意を持って、東京に降り立つのです。

結果を出す人は、「自分を評価するときの基準値」を高く設定しています。「これが達成できれば満足だ」というときの、「これ」のレベルが、例外なく高い。周囲の人から漏れ聞こえる「バカなことを言っている」「そんなことできるわけがない」といった嘲笑《ちょうしょう》も、意に介さない。

達成が難しそうな目標をあえて設定し、自分自身を評価するときのレベルを引き上げています。

どうして、彼らは高い目標を設定するのでしょうか。それは、

「高い目標に向かうときだけ、計画は緻密になり、集中力を極限まで高めることができる」

「高い目標に向かうときだけ、行動の質とスピードが高まり、ミスを減らすことができる」

からです。

おわりに

75年以上の研究でわかった「幸せの条件」とは？

史上、もっとも長期間「人」を追跡した研究があります。ハーバード大学が行った「ハーバード成人発達研究」です。

1938年にはじまったこの研究では、75年以上にわたって、2つのグループの心と体の健康を調査しました。

ひとつ目のグループは、研究が開始されたときにハーバード大学の2年生で、第2次世界大戦中に大学を卒業した男性（268人）。

2つ目のグループは、1939～2014年にボストンで育った貧民家庭出身の男性（456人）です。

本調査では、のべ724名の被験者に対し、1年おきの質問票調査、聞き取り調査、医療記録の確認、血液検査等を行っています。

ハーバード・メディカル・スクールのロバート・ウォールディンガー教授（臨床精神医学）は、2015年11月に登壇した「TEDトーク」（世界的な講演会）において、本研究で明らかになった「人生を幸せにする教訓」について語っています。

ウォールディンガー教授は、「幸福の条件」について、次のように結論づけています（参照：TEDトーク／ロバート・ウォールディンガー「人生を幸せにするのは何？最も長期に渡る幸福の研究から」）。

「75年以上の研究からはっきりわかったことは、人を幸福にし、健康にするのは、富でも名声でも、無我夢中で働くことでもなく、良い人間関係に尽きる」

「孤独は命取りで、孤独は害である。家族、友人、コミュニティなど、まわりとよくつながっている人ほど幸せであり、長生きする」

「重要なのは、友人の数でも、生涯をともにする人の有無でもなく、身近な人たちとの関係の質である」

「良い関係は、脳の機能を守る。良い人間関係が築けていない人は、脳機能の減退が早まる」

この研究結果からわかったのは、
・経済的に恵まれていなくても、質の高い人間関係を築けている人は、「健康で、幸せ」である
・人間の幸福と健康に直接的な関係があるのは、人間関係である
・経済的に恵まれていても、人間関係の質が低ければ、「健康で、幸せ」とは言い難い
という事実でした。

お金は大切です。多くの人が「お金持ちになりたい」「豊かな暮らしをしたい」と願っています。

ですが、「お金があれば、すべてうまくいく」「お金で買えないものはない」と言い切れるほど、人生は単純ではありません。

年収が高くても、貯蓄や老後資金が潤沢にあっても、人間関係が希薄な人は、幸せになりにくいのです。

人間関係を左右するのは、「愛」のエネルギー

良い人生は、良い人間関係から築かれる。

これが、揺るぎない真実です。

では、どうすれば良い人間関係を築けるのでしょうか。

私は、

「愛を持って接すること」

「愛を与えること」

だと考えています。


人間関係を左右するのは、「愛」のエネルギーです。

「愛」とは、

「人の役に立ちたい」

「何かをしてあげたい」


と想う気持ちのことです。


「井上先生は、何のためにお金を稼ぐのですか?」と聞かれたら、こう答えます。

「愛のためです」

「井上先生は、何のためにお金を使うのですか?」と聞かれても、こう答えます。

「愛のためです」

人間の持つ「喜」「怒」「哀」「楽」という4つの感情は、大きく、「喜と楽」と「怒と哀」の2つに区別できます。

そして、潜在意識において「喜と楽」を司るのが「愛」のエネルギー、「怒と哀」を司るのが「恐怖」のエネルギーです。

「愛」のエネルギーが高くなるほど、人は幸せを感じやすくなります。

今、経済的に恵まれているのであれば、物欲に溺れない。私利私欲に走らない。金の亡者にはならない。

自分のお金を、「人のため」「社会のため」に役立てる。

そうすれば「愛」のエネルギーが高くなります。

日本資本主義の父・渋沢栄一は、『論語と算盤』の中で、「能《よ》く集め能《よ》く散ぜよ」と説いています。

「散ぜよ」とは「正しく使いなさい」という意味です。渋沢栄一が示した「正し

く使う」とは、

「社会のため（人のため）になる使い方をする」

ことです。

正しい方法で稼いだ金を、正しく使うことで経済は進歩します。


今、経済的に厳しくても、目先のお金に執着しない。

貯め込もうと躍起にならない。

「お金は他人からの感謝の対価である」ことを忘れずに励む。

「こうなりたい」という自分の理想を明確にして、その実現に全力を尽くす。

そうすれば、少しずつ、「愛」のエネルギーが高くなります。

「お金のためなら何でもする。けれど、人のためには何もしない」
「自分の欲望を満たすことが優先。他人からどう思われようと関係ない」
と、お金に目がくらんだままでは、誰からも信頼されません。お金に執着する
人の先にあるのは、「孤独」です。

人間の幸せは、人間関係で決まります。

人間関係を良くするには、「誰かのため、何かのため」にお金を使うことです。

貯まったら使うのでも、貯まらないから使わないのでもなく、

「愛を持って使うから、また入ってくる」

のが、お金の循環です。


他人のためにお金を使ったとき、一番幸福度が増すのは、自分自身です。


「愛」を抱《いだ》いて仕事をする。

「愛」を抱いてお金を稼ぐ。

「愛」を抱いてお金を使う。


そうすれば、あたたかくて心地良い人間関係（＝最高の幸せ）を手に入れることができるはずです。

本書が、みなさまの「お金の不安」を軽くする一助となれば、著者としてこれほどの喜びはありません。

ぜひこの瞬間から、愛と、感謝と、おかげさまの気持ちを持って、お金と向き合ってください。

井上裕之

2021年9月

著者紹介

井上裕之（いのうえ・ひろゆき）

いのうえ歯科医院理事長。歯学博士、経営学博士、東京医科歯科大学非常勤講師を含め国内外７つの大学で役職を務める。世界初のジョセフ・マーフィー・トラスト公認グランドマスター。1963年北海道生まれ。東京歯科大学大学院修了後、「医師として世界レベルの医療を提供したい」という思いのもと、ニューヨーク大学をはじめペンシルベニア大学、イエテボリ大学などで研鑽を積み、故郷の帯広で開業。その技術は国内外から高く評価されている。情報番組「未来世紀ジパング」にて、最新医療・スピード治療に全国から患者が殺到する様子が取り上げられる。本業の傍ら、世界中の自己啓発や、経営プログラム、能力開発を徹底的に学び、ジョセフ・マーフィー博士の「潜在意識」と、経営学の権威ピーター・ドラッカー博士の「ミッション」を統合させた成功哲学を提唱。「価値ある生き方」を伝える講演家として全国を飛び回っている。

著書は累計発行部数130万部を突破。実話から生まれたデビュー作『自分で奇跡を起こす方法』（フォレスト出版）は、テレビ番組「奇跡体験！アンビリバボー」で紹介され、大きな反響を呼ぶ。ベストセラー『「学び」を「お金」に変える技術』（かんき出版）、『本物の気づかい』（ディスカヴァー・トゥエンティワン）など、著書多数。

人生《じんせい》を自由《じゆう》にしてくれる
本当《ほんとう》のお金《かね》の使《つか》い方《かた》

〈検印省略〉

2021年 10 月 20 日 第 1 刷発行

著 者――井上 裕之（いのうえ・ひろゆき）
発行者――佐藤 和夫

発行所――株式会社あさ出版
〒171-0022 東京都豊島区南池袋 2-9-9 第一池袋ホワイトビル 6F
電 話 03 (3983) 3225（販売）
03 (3983) 3227（編集）
F A X 03 (3983) 3226
U R L http://www.asa21.com/
E-mail info@asa21.com
印刷・製本 神谷印刷（株）

note http://note.com/asapublishing/
facebook http://www.facebook.com/asapublishing
twitter http://twitter.com/asapublishing

ISBN978-4-86667-315-8 C2034

あさ出版好評既刊

「やりたいこと」が見つかる 時間編集術

長倉顕太 著

四六判　定価1540円　⑩

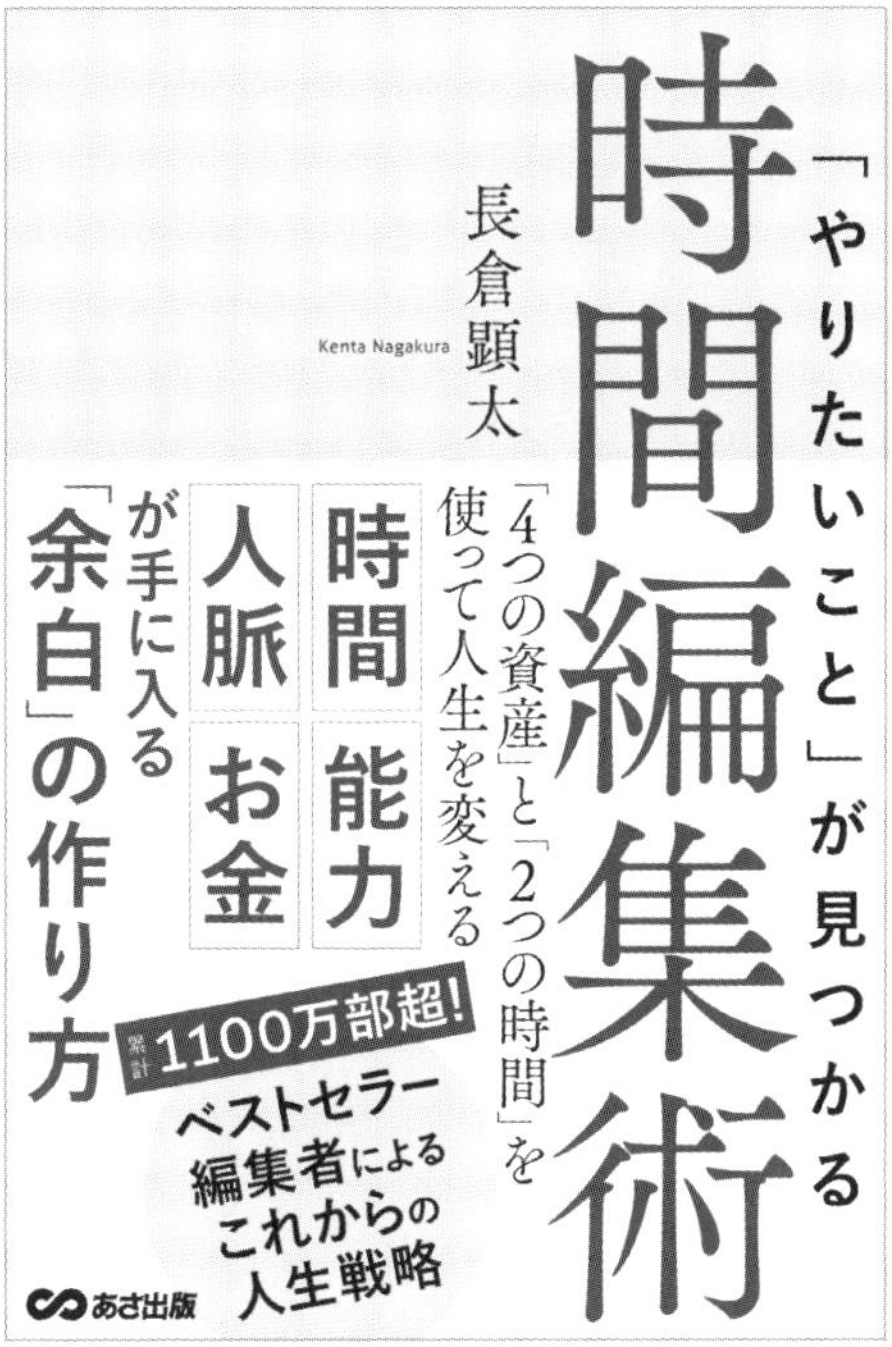